すごく簡単・すぐできる!

木工ガールのはじめてDIY

週末手作りインテリアで部屋を素敵にセンスアップ!

木工ガール、誕生!?

んー。なんかどうにかならないかなぁ、この部屋……
全体にちぐはぐなのよね……
インテリアっていったら、北欧系、アジア風、ナチュラル風……いろいろいいよなぁ～
Cool
natural & chic
インテリア
でも、そんなにお金かけて模様替えもできないしなぁ……
先立つものが…
ガチャガチャ
ガラッ
えっ
お邪魔しまーす!
こらしょっと
よいしょっと。ちょっと、ごめんなさいね。
え、え、えっ? ちょっ、誰ですか!!
ねぇねぇ、それならDIYで作ってみない!?
自分の憧れの部屋を!!
えっ? 作る? ……??
ぜんぜんきいてないし
てかそもそも誰

ブツブツ
ウンウン
今のこの部屋なら
ナチュラルカントリー
みたいなスタイルを
取り入れると
いいかしら
きいて…
あ……
あの、
その…
申し遅れました!
私は暮らしの
DIYアドバイザーの
油田です。
よろしくね!
DIY(Do it yourself)は
自分で自分サイズの
ものを作ったり、
直したりするって
感じかな
DIYって
なんか聞いたこと
あるような……
ん…?
DIY
例えば
『市販サイズの棚が
入らない。でも棚はほしい』
ときなんてDIYで
作っちゃえば、自分好みの
ジャストサイズで
作ることができるのよ
JUST!
でも
やったことないし
難しいんじゃ
ないの?
ちっちっちっ
女の子でもコツや
やり方がわかれば
できちゃうものよ。
もじもじ
もじもじ
でも
大変そうだし、
私不器用だし…
まぁまぁ。
まずはホームセンターへ
行ってみましょう!
ほら、早く!
GO!
ホーム
センター?
え、え、えー?
ぐいっ

contents

木工ガール、誕生!?……2

本書の見方……6

ホームセンターってどんなところ?……7

Column 1 まずはこんな道具を揃えよう！——14

さぁ作ってみよう……15

01 スパイスラック……16

Column 2 カットサービスの頼み方 ——22

02 小窓にカフェカーテン……24

03 A字脚の飾り棚……30

Column 3 指は万能定規！
水性塗料ってどんなもの? ——40

Column 4 貼って・塗って・乾かすだけ！ CDラック ——41

04 パーテーション……42

Column 5 地震対策ってしてますか ——48

05 カスタマイズBOX……50

06 マイ柱で簡単飾り棚……58

07 すのこdeブックシェルフ……64

Column 6 飛鳥時代から親しまれている
和紙にふれよう――71

08 サイドテーブル……72

09 女優スタンドミラー……80

これを知っていると便利なプチ情報……88

Column 7 木材ってなにがあるの? ――91

主な作品の木取り図……92

監修者紹介……94

本書の見方

本書は各作品のページを見ることで、材料を買う売り場から完成までの手順がわかるようになっています。本分中のわかりにくい用語に関しては「＊」をつけ、枠外にて解説をしています。

Point!

●手順の「point」、材料や道具の「point」などは大事な場面で解説しています。

●コスト・時間・レベルが表示してあります。目安として参考にしてください。

コスト ¥ ¥ ¥

マーク1つは1000円程度、2つは2～3000円程度、3つはそれ以上。

時間

マーク1つは30分程度、2つは1～2時間程度、3つはそれ以上。

レベル ♥ ♥ ♥

マーク1つは簡単、2つは少しがんばる、3つはがんばる。

※時間は塗料や接着剤の乾燥時間は含んでおりません。それらの乾燥時間は各商品に付属の説明書に従ってください。

ホームセンターってどんなところ？

郊外などに多いホームセンター。プロ用商品を買いに来る職人さんから、DIY用品や日用品を買いに来るファミリー層まで幅広く親しまれています。

ホームセンターの売り場、大紹介!!

木工ガールが先生に案内されたホームセンターとは、DIY用品をはじめ、ペット、園芸、手工芸、車用品、生活用品、日用品、文具などなんでも幅広く揃えているお店です。郊外に大きな敷地面積で展開していて、はじめて行くと「広い!」「すごい!」とついつい言ってしまうほどの広さと品揃え。“ホームセンター通”には「大人の遊園地」と呼んでいる人も多く、中には1日中いても飽きないと強者も……。
今回、お邪魔させていただいたユニディ湘南平塚店をモデルにDIY用品売り場の見取り図をご紹介します。

園芸用品
植物からレンガ、植木鉢、長靴などの園芸用品まで揃っています。

金物
ネジ、クギからS字フック、取っ手などさまざま。

木材・建築材 木材・セメント・屋根材など、プロ用の建築材料から、棚板・木片・机の脚など、DIYでも使用する細かな材料までさまざまな種類のものがあります。

テープ・接着剤
両面テープ、瞬間接着剤、木工用接着剤、スプレーのりなどさまざまなタイプが揃っています。

電材
電球、コード、電球ソケットなどの電気に関係している商品の売り場。

床・壁材
床に貼るいろいろな素材や、壁紙や、ふすま・障子紙の売り場。タイルカーペット、人工芝などもあります。これら専用の接着剤も同じ売り場です。

塗料
ペンキなどの塗料や塗装道具、塗装の際に汚れを防止するシートなどがあります。

工具
ドライバー・ノコギリなど基本的な手動の工具から、ドリル・丸ノコなど電動の工具があります。

水回り用品
水道の蛇口、シャワーヘッド、ホースなどの水回りに関する商品が並んでいます。取り換え用便座、蛇口や水洗トイレなど修理・補修に使う道具、用品も揃っています。

DIY用品売り場は こんなに種類が豊富!!

ホームセンター初心者にとって、見取り図を見てもどの売り場に何が売っているのかいまいちわからないもの。
そこでDIYで使う売り場を中心に「この売り場には、主に何がある」というご紹介をします。店舗によって、商品の配置は異なるので目安としてご利用ください。

木材・建築材

一番多く置いてあるのが木材。板材、集成材、合板、ボードなど種類がいろいろあります。また素材もスギ、ヒノキ、バルサなどさまざま。ウッドデッキに使うような大きいものから、工作に使う小さなものまでいろいろな大きさで並んでいます。カットサービスを使って、お好みのサイズにカットしてもらうこともできます。
他にはセメント・屋根材など、プロ用の建築材料も揃っています。

工　具

手工具と電動工具があります。手工具は手動で扱う工具で、ドライバー、カナヅチ、ノコギリ、キリ、カッター、メジャーなど。電動工具は、電動ドリル、ジグソー、丸ノコなど。電動工具の取り替え部品・紙やすりなどの消耗品も同じ売り場に並んでいます。
プロの職人が使う道具なども置いてあるので、なかなかマニアックな商品も並ぶ売り場です。

塗　料

ペンキの水性や油性、ニス、スプレーなどさまざまなタイプの塗料、いろいろな太さのハケやローラー、塗料を撹拌するカップ、塗装の汚れを防止する養生シートなどの塗装用品まで揃っています。色味が分かりやすいようにと実際に塗装したものが見本として展示してあります。メーカーによって細かな色味の違いがあるので、見本展示を参考に選ぶことをおすすめします。

金　物

金属製の金具全般を指します。なので売り場には、ネジ、クギからS字フック、丁番、チェーン、取っ手、つまみ、キャスター、金網やワイヤーネットもあります。サイズもミリ単位で細かくあり、自分の使う分だけ購入することができます。
金具などは色も金物らしいシルバーだけではなく、アンティーク風、白や黒、黄色などに塗られたタイプも。

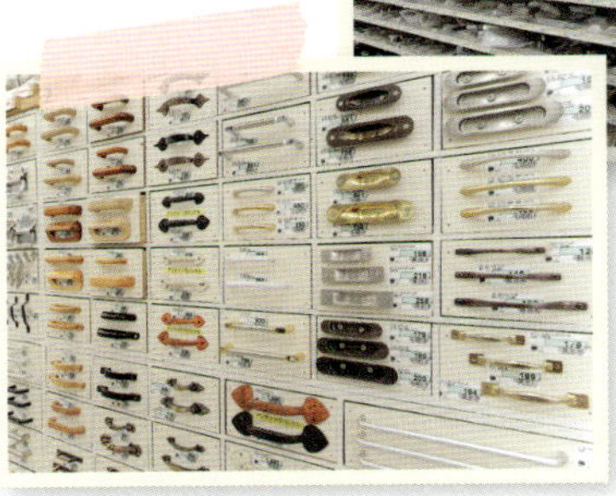

テープ・接着剤

両面テープ、ガムテープ、窓やドアの隙間を防ぐテープなどのテープ類。木工用接着剤、瞬間接着剤など。目地材・タイル・漆喰・砂壁などもあります。

電　材

電球、電球ソケット、コード、コンセント、ケーブル、LANケーブルなどがあります。延長コードやスイッチプレートなども。

その他

カーテン、カーペット、家具などのインテリアや収納コーナー。洗剤・ティッシュ・文具など生活日用品コーナー。犬や猫などのペットコーナーなどがあります。店舗によっては、クラフト・ホビー系の画材店が併設されているところもあります。

お買い物シュミレーション！

事前にしておくといいこと、店内での疑問・悩み、
レジまでの流れを簡単にご紹介。

あらかじめしておくこと

作りたいものをイメージし、参考写真やイラストを用意する

考えついたものを紙に書いてみましょう。イメージに似ている写真などを用意しておくと店員さんに質問しやすいです。

お買い物リストをつくる

どの材料がこの程度必要など、おおまかな数量を明記したリストを用意しておきましょう。少し多めに購入するつもりで。

設計図を書いてみる

完璧な設計図ではなくとも、おおまかなものを書いてみましょう。マス目のあるノートやスケッチブック、方眼紙などを使うと書きやすいです。

店舗の確認

特に車がない人は、駅から徒歩圏内なのか、バス停が近くにあるのか、荷物を宅配で送れるのかなど確認しておきましょう。

店内での お買い物ヒント

私の欲しいものはどこにある？

まずは、売り場案内を探してみましょう。そして関連する売り場で探します。

同じ商品なのに、目的別で何種類もあって何が違うのかわからない

DIYアドバイザーに聞いてみましょう。DIYアドバイザーはDIY知識と技術に精通した資格保有者です。

作りたいものについて、相談したい

店舗によっては、相談カウンターや加工室で相談にのってくれます。作りたいもののイメージ写真かイラストなどがあると、わかりやすく伝えやすくなります。

DIY教室ってなんだろう？

DIYアドバイザーの講師と一緒に作品を作る教室。材料も用意されていて、道具の使い方も教えてくれるので、あったら活用してみて。

※ホームセンターによって違うので、ご了承ください。

こんなサービスもあります！

知っていればお得なサービスもいろいろ。
主なサービスをご紹介します。

カットサービス

取扱商品に限り、店内にある加工室で専門のスタッフがカットや穴あけ加工をしてくれるサービスです。木材、金属などを有料でカットしてくれます。あまり複雑なカットを頼むことはできません。
22ページでカットサービスの頼み方をご紹介しています。

作業場、工具貸し出しサービス

店内にある作業場（工房室）をお客さん用に開放しています。家では作業スペースがなかったり、大きな音を立てることができない人には便利なサービス。工具貸し出しがあるので、手ぶらで来ても作業をすることができます。また、一時的に持ち帰って作業をすることもできます。ただし、塗装道具は除きます。

配送サービス

重いもの、大きいものなどは配送サービスが便利。店舗によって配送範囲が決められているので、確認しましょう。

これらのサービスはホームセンターによってない場合もあります。また有料のものもあるので、事前に店頭でご確認をおすすめします。

軽トラ貸し出しサービス

車の免許を持っていれば、サービスを受けることができます。長尺物と呼ばれる柱やウッドデッキに使うような長い材料などを持ち帰るのに便利です。ただし、返却のために来店することを忘れずに。

Column.1

まずはこんな道具を揃えよう！

そもそも作るものによって、使う道具は変わります。組み立てるなら、カナヅチ、ドライバー、ノコギリ、接着剤。塗装するなら、塗料、ハケ。ＤＩＹに慣れてくると作業効率が早い電動工具……などなど。揃えだしたら際限なく揃えたくなるものです。
そこで、まずはシンプルな棚や箱を作るために必要な道具をご紹介します。
「鉛筆」「メジャー・定規・さしがね」「ドライバー」「キリ」「ネジ」「紙やすり」これら6点！

鉛筆

しるしつけに使います。あまり濃くしるしつけはせず、軽く書きましょう。濃くつけて目立つようであれば、消しゴムや紙やすりで消すことができます。

メジャー・定規・さしがね

測るときに使います。木の端に対して直角に線を引くとき「さしがね」があると便利。アルミ製の「定規」でも大丈夫です。また「メジャー」は長さのあるものに使います。

ドライバー

ネジをしめるときに使います。ネジのサイズに合わせて、ドライバーを使い分けるのですが、「“2番”のプラスドライバー」があると便利。これで、ほぼまかなうことができますが、2番で入らない場合は“1番”を使うといいでしょう。

紙やすり

木材の表面や木口*をなめらかにし、角を面取り*するために使います。

四つ目キリ

ネジ・クギをとめる際に、下穴をあけるために使います。下穴はネジ・クギが立つので、曲がって入るのを防ぎ、作業がラクになります。また木材の端の場合には割れたり、ヒビが入るのを防ぐことができます。

ネジ

木材をとめるために使います。強力な接着剤でとめるだけでも棚や箱を作ることはできますが、やはり強度を求めるならネジが必要。

＊木口：木材を横に切ったその断面。
＊面取り：木材の角に紙やすりをかけて、角に丸みをつけること。

さぁ作ってみよう!

01 スパイスラック……………………16 →

← 02 小窓にカフェカーテン………24

03 A字脚の飾り棚 …………30 →
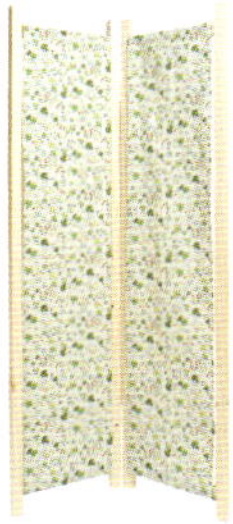
← 04 パーテーション ……………………42

05 カスタマイズBOX…………50 →

← 06 マイ柱で簡単飾り棚 ………58

07 すのこdeブックシェルフ……64 →

← 08 サイドテーブル …………………72

09 女優スタンドミラー …………80 →

01 スパイスラック

スパイスをキッチンにかわいくきれいに並べるラックです。初心者でもスパイスに合わせて棚の高さも、幅も自由に変えることができます。アイデア次第でスパイス以外にも小物の整理や観葉植物を置いたりもできる、万能ラックです。

01 スパイスラック

コスト　時間　レベル

材料

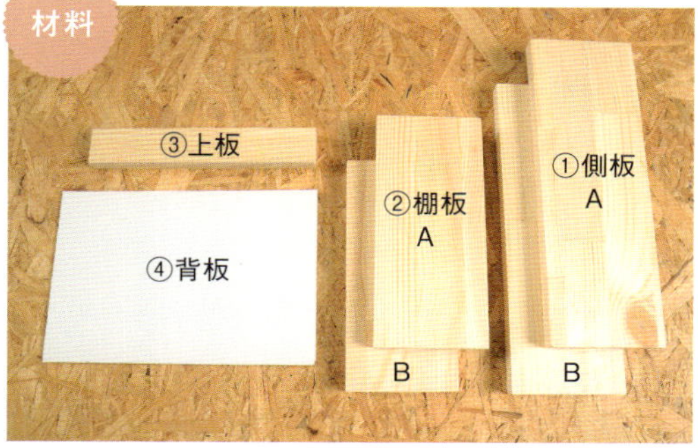

板：※パイン集成材①18×100×300mmを２枚、②18×96×215mmを２枚、③18×35×215mm　※白色の化粧合板④2.7×245×165mm

道具

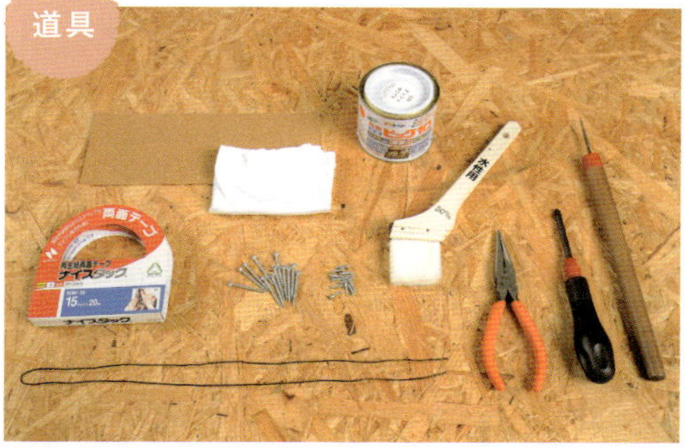

ドライバー、四つ目キリ、スリムネジ12本（35mm）、木ネジ８本（13mm）、紙やすり（120番）、両面テープ（一般タイプ）、水性塗料（水性ビッグ10のアッシュホワイト）、ハケ（50mm）、ラジオペンチ、ワイヤー（直径1.2mmアルミ製）700mm、ウエス（木くずを拭き取るための布）
※水性ビック10はアサヒペンの塗料です。

ホームセンターでの売り場

木材▶木材・建築材　ドライバー・キリ・ラジオペンチ・紙やすり▶工具　ネジ・ワイヤー▶金物　塗料・ハケ▶塗料　両面テープ▶テープ・接着剤

下準備

- 板はカットサービスを利用して指定サイズに切ってもらう。木取り図は92ページ。
- 木口*→表面→角の面取り*の順番に紙やすりをかけて、木くずをウエス*でカラ拭きしておくこと。

＊木口：木材を横に切ったその断面。
＊面取り：木材の角に紙やすりをかけて、角に丸みをつけること。
＊ウエス：布のこと。古着のTシャツなどが最適。

How to make.
手　順

1 組み立てる

側板A・Bに下穴と仮どめの位置にしるしをつける

右図のように側板* A・Bにしるしをつける。定規を使うときには、板をあてると正確に直線が測ることができる。

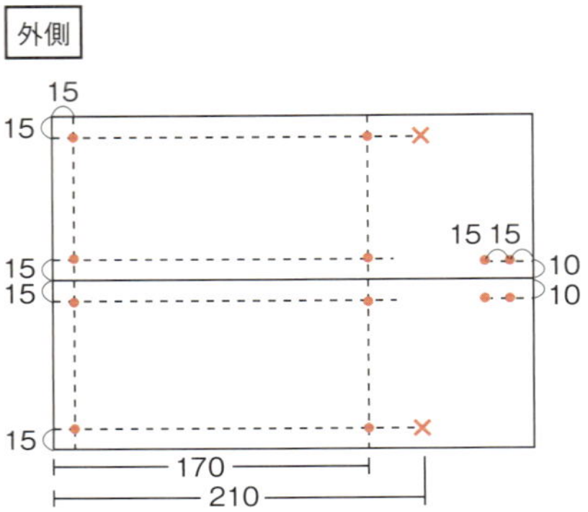

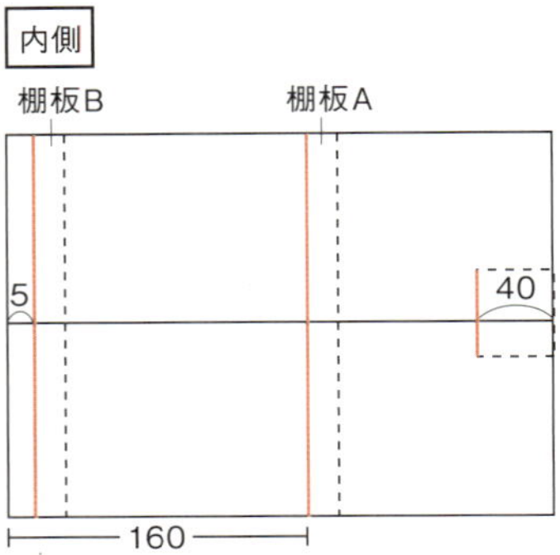

※×印はワイヤー通しのため貫通させる。
※15mmはさしがねの幅と同じなので、利用すると便利。

2

下穴をあける

手順1でつけたしるしをキリで下穴をあける。ワイヤーを通す穴2箇所は下まで貫通させる。
※キリの使い方は63ページ

3

側板Aに棚板A・Bと上板を仮どめする

棚板A・B、上板の木口に両面テープを貼り、側板Aのしるしをつけておいたところに貼る。

Point!

両面テープを貼る前に、しっかりと木くずをカラ拭きしておくこと。木くずが残っているとテープがつきにくくなります。また、テープはしっかりと貼って下さい。

＊側板：側面にとりつける板。

4

棚板Aをネジでとめる

両面テープがついたら、側板Aが上面にくるようにひっくり返して、側板Aの下穴をあけておいた箇所をスリムネジでとめる。

Point!

棚板Aから先にネジでとめて、次に棚板B、上板の順でネジをとめること。

棚板Bがつく、しるしの2箇所のみ、少しネジ先が貫通するように出しておくこと。

5

側板Bに先にネジをとめておく

側板Bには貫通させない程度にネジをとめておく。

6

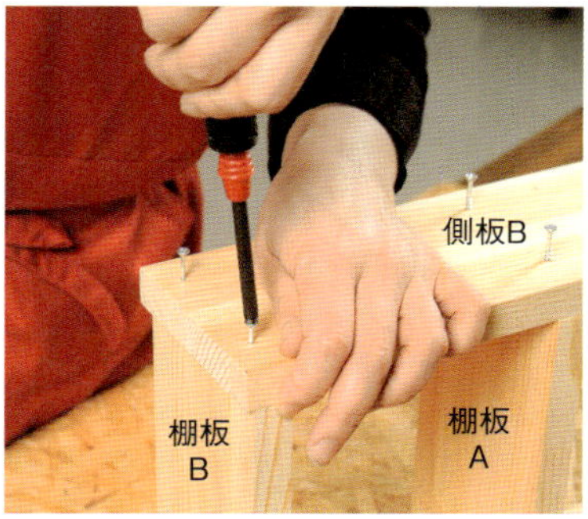

両方をネジで留める

先端をはみ出させておいたネジから棚板Bを先にしめ、棚板A・上板のネジもしめる。

Point!

ネジの先端が出ていることで、木に固定しやすくなります。

7

塗料を塗る

塗りにくい裏などから塗っていく。ハケで塗ったら、すぐウエスで拭き取り、木目を出す。

Point!

底に丸型のプッシュピンをさしておくと、塗っている途中で机においても塗料が作業机につかず困りません。

Point!
道具ポイント

塗料

塗料を使う際には、換気をして、汚れを防止するシートや段ボールなどを敷きましょう。
まず、木材の表面についている木くずをカラ拭きします。新品のハケを使う際には、あらかじめ柄を両手で挟み、こすり合わせる要領でハケをまわしたり、しごいたりして余分な毛抜きを行います。こうすることで、塗っている最中に毛が抜けずにすみます。
次にビニール手袋をして、塗料の缶のフタの縁をマイナスドライバーを使い、少しずつあけます。フタがあいたら、割り箸などを使ってよく底の方から混ぜましょう。そして、塗料カップに移し、ハケなどを使い塗っていきます。
乾燥時間は缶に明記してありますが、しっかりと乾かすには半日以上はおきましょう。
塗り終わったあとのハケは、新聞紙に塗料がつかなくなるまでこすりつけます。水でよく洗い、食器用洗剤で洗ってすすぎ、かげ干しをします。

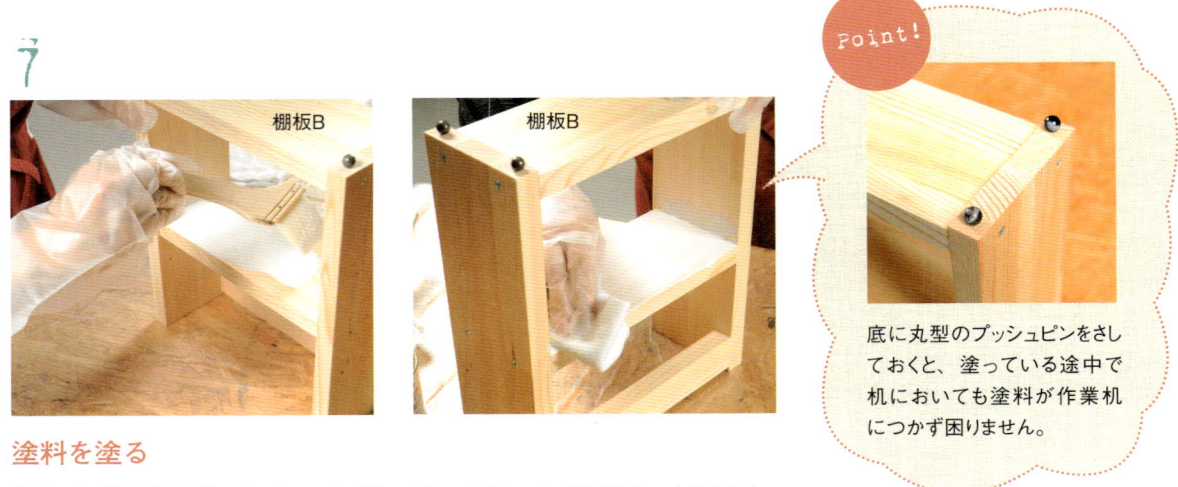

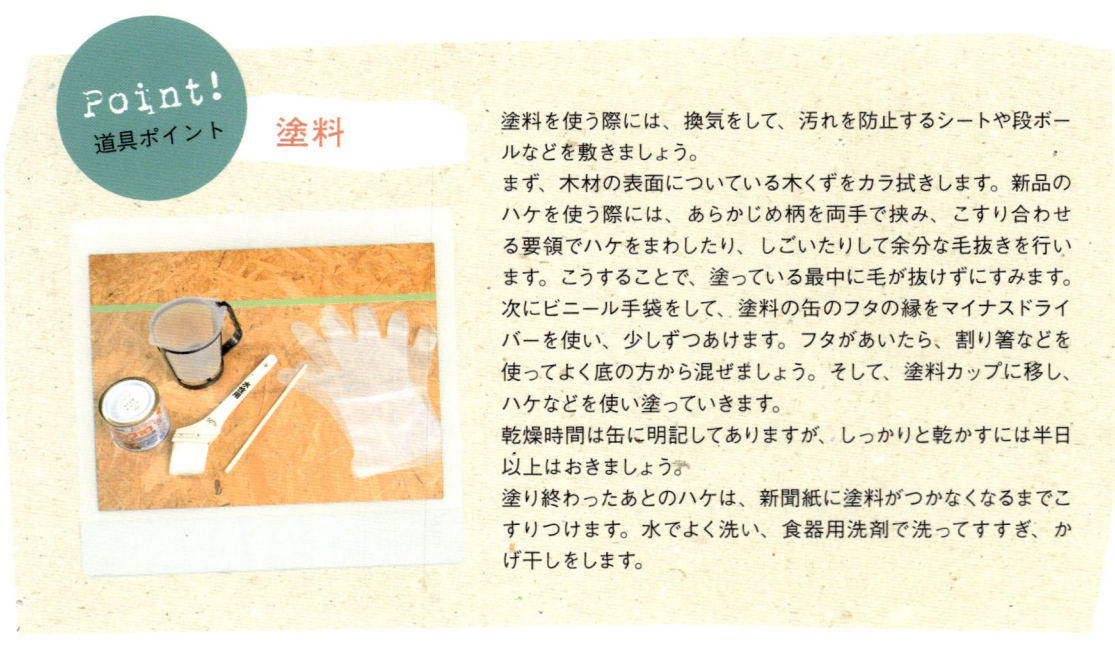

8 落ち止めをつくる

落ち止めのワイヤーをねじる

木片でワイヤーをおさえ、足でさらに木片の上から固定する。輪にした方に鉛筆を通してグルグルとねじる。鉛筆と逆の端はねじり終りをペンチで切っておく。

Point!

しっかりと足で踏んで固定させること。ねじり具合はお好みで。

ネジの大きさに合わせて、ドライバーを使い分けましょう。

9

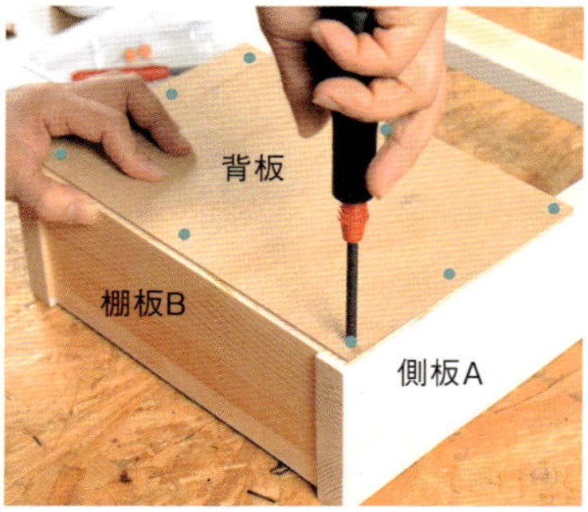

背板をとめる

棚板Aから棚板Bの中におさまるように写真のように上下左右8箇所を木ネジでとめる。キリで下穴をあけること。

10

穴にワイヤーを通す

輪になっている方を持ち、穴にワイヤーを通す。端をペンチでクルクルとまるめて処理をする。

Point!

穴が塗料で埋まっていることがあるので、ワイヤーの切れ端で穴をそうじしておくといいでしょう。

Completion !!

Column.2

カットサービスの頼み方

ホームセンターのサービスのひとつである「カットサービス」。頼み方にも流れがあります。

カットサービスの流れ

1

木取り図を用意する

木材をどのようにカットするのか指示するものが、木取り図。加工図とも呼ばれます。これは、あらかじめ用意しておくとスムーズにいきます。

2

木材を選ぶ

売り場には、種類やサイズの違う木材がさまざまに並んでいます。これらの中から作品にあったものを選びましょう。
レジに行ってお支払いをします。

3

木取り図と木材を渡す

選んだ木材と木取り図を持って専用カウンターで依頼します。だいたいがその場で加工して、その日のうちに受け取ることができます。混み具合によっては、後日のことも。

「カットサービス」を利用する際に必要な木取り図。初心者には難しいかもしれませんが、これが書けるようになると、オリジナルな作品をいろいろ作れるようになります。
直線カット以外にも、曲線カット、斜線カットなどもしてくれるホームセンターもあります。

1
スケッチを描く

作りたいものが決まったら、画用紙などに完成図をスケッチします。この際に、だいたいのサイズも書き込んでおきましょう。

2
寸法を書く

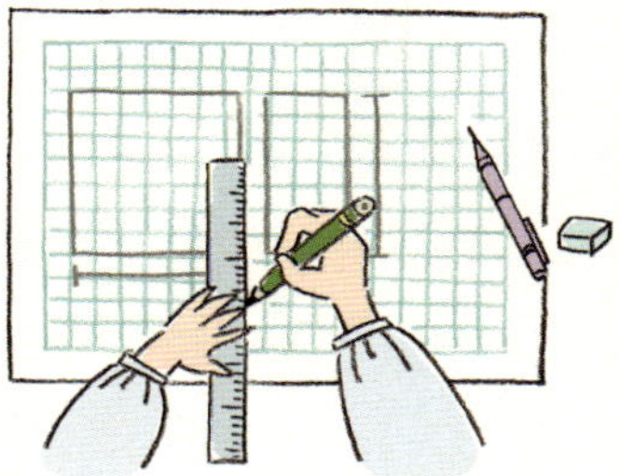

スケッチをもとにして、各パーツをバラバラにして、形と寸法を書き込みます。方眼紙などを利用すると便利です。

3
規格サイズを調べる

使う木材の規格サイズを調べます。各材料には製造規格サイズが設けてあり、ホームセンターなどでは、規格サイズ、規格サイズの1/ 2、1/ 3などにカットして置いてあります。

4
無駄なく並べる

1枚の木材に、無駄なく各パーツを並べた図を作ります。ただし、カットする際に刃厚（刃の厚み3mm程度）が含まれます。

5
寸法を書き込む

パーツを並べた図に、寸法を書き込みます。穴空けの指示などがある場合は、穴の直径を書き込みます。

※本書の作品の木取り図は92 ～ 93ページにあります。

02 小窓にカフェカーテン

「外から見えにくくしたい」
「でも明かりは小窓から差し込んでほしい」
そんなときには市販のカフェカーテンと突っ張り棒があれば、簡単に解決してしまいます。しかし、ちょっと変わった素材で自分だけのオリジナルカフェカーテンを作ってみませんか。

02 ワイヤーネットカーテン

コスト　　時間　　レベル

材料

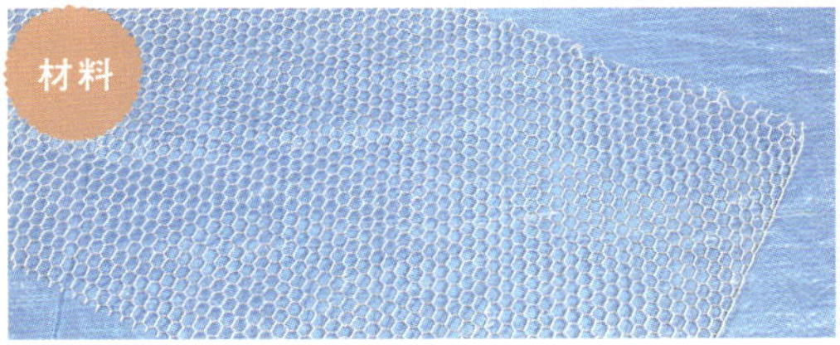

亀甲ワイヤーネット（窓内枠の幅サイズ＋40mm以上）
※穴の直径が16mm前後、ワイヤーの直径1mm前後のもの。
※飾り用のリボン・レースなどは窓枠の幅＋40mm以上用意。
※亀甲ワイヤーネットはホームセンターで切り売りしています。多少大きめに切ってもらいましょう。

道具

ニッパー、軍手、突っ張り棒（窓の幅サイズに合わせたもの）、S字フック2個（取りつけ用）、リボンやレース、S字フック（飾り用）、季節のオーナメント、ポストカード、コースターなど飾るものはお好みで何でもＯＫ。

ホームセンターでの売り場

亀甲ワイヤーネット・S字フック▶金物　突っ張り棒▶カーテン売り場または収納用品

簡単ウッドブラインド

コスト　　時間　　レベル

材料

バルサ材４枚（厚さ１㎜、長さは窓の幅のサイズに合わせたもの）

道具

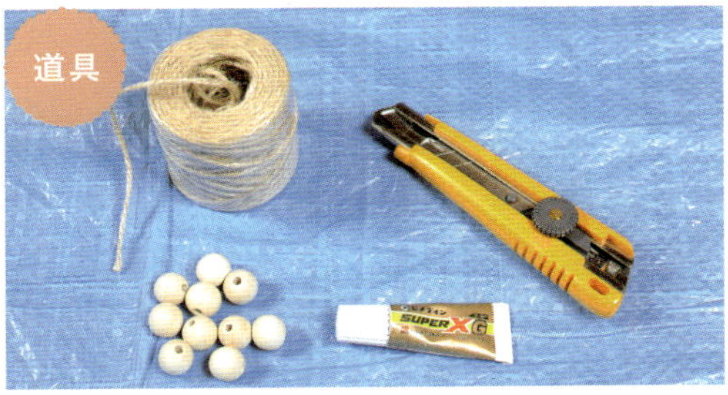

大型カッター、多用途接着剤、木球10個（貫通穴のある直径15mm以上のもの）、麻ひも（つるしたい長さの２倍強を２本）、突っ張り棒またはプッシュピン２つ
※材料は小窓のサイズに合わせて用意してください。

ホームセンターでの売り場

バルサ材▶木材・建築材　麻ひも▶梱包用品　プッシュピン▶文房具　木球▶ホビー系売り場または手芸専門店　突っ張り棒▶カーテン売り場または収納用品

ワイヤーネットカーテン

下準備　●小窓の内枠の幅を測っておくこと。長さはお好みで。

How to make.
手　順

1

ワイヤーを窓の幅サイズに合わせて切る

窓サイズの幅＋20mm、長さ＋40mmのサイズでワイヤーをニッパーで切る。

Point!

ニッパーは針金や金網を切ることができるので、ひとつあると便利！

売られている段階で左右の端はきれいに処理されています。その部分はそのまま生かします。

2

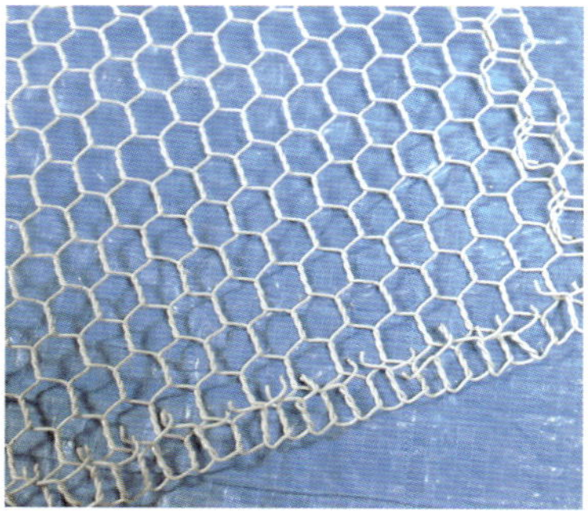

上下、端を折り込む

切りっぱなしになった端を各20mmずつ手に軍手をして折り込む。やわらかいので簡単に折ることができる。

Point!
道具ポイント

亀甲ワイヤーネット

ねじり合わせて六角形に編んだ金網のこと。亀の甲羅に形が似ているためこの名前がつきました。色も白・黒・緑などさまざま。ホームセンターでは450mm、910mm幅で売られていて、カット売りをしてくれます。

切るときはニッパーでワイヤーを1本ずつ切ります。やわらかいので手で曲げることも簡単。今回のようにカーテンとして使うときは、丸まりを伸ばしてから使いましょう。

3

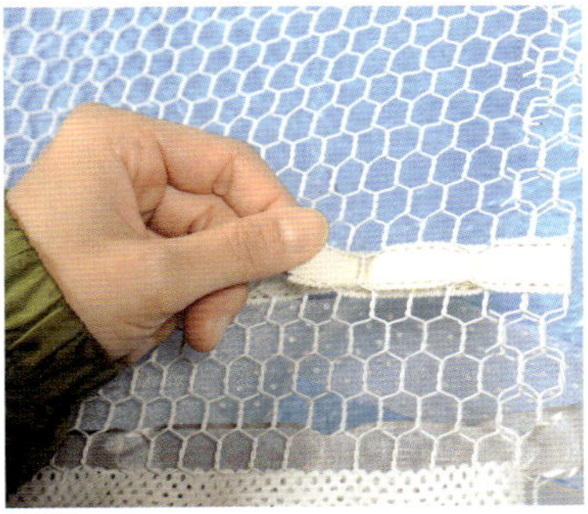

Point!

リボンの端は裏側で何回か穴に通してとめておきます。

リボンやレースなどで飾る

リボンやレースなどをワイヤーネットに通す。S字フックを使って飾りをひっかけてもOK。

取りつけ方法

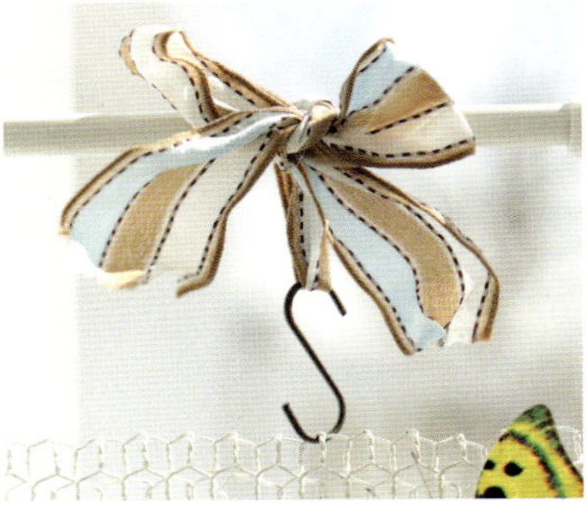

突っ張り棒にくくりつける

突っ張り棒にリボンを結び、ワイヤーネットの上部にS字フックを通し、リボンの輪にかける。

Point!
ポイント

窓のサイズの測り方

カーテン作りに必要な窓のサイズの測り方を紹介します。窓には枠の外側の寸法「外枠」、枠の内側の寸法「内枠」があります。枠は木製がほとんど。
内枠に突っ張り棒などを設置するので、枠の内側の幅を端から端と、枠の奥行きを測ります。カーテンの長さは自由！
長さは窓を全体的に隠したいなら、内枠の上から下まで。途中までの目隠し程度でよければ、その長さ分。通常のカーテンと違い、小窓を目隠しする程度であれば、窓枠の半分ぐらいの丈があれば十分です。

簡単ウッドブラインド

下準備　●小窓の内枠の幅を測っておくこと。長さはお好みで。

How to make.
手　順

1

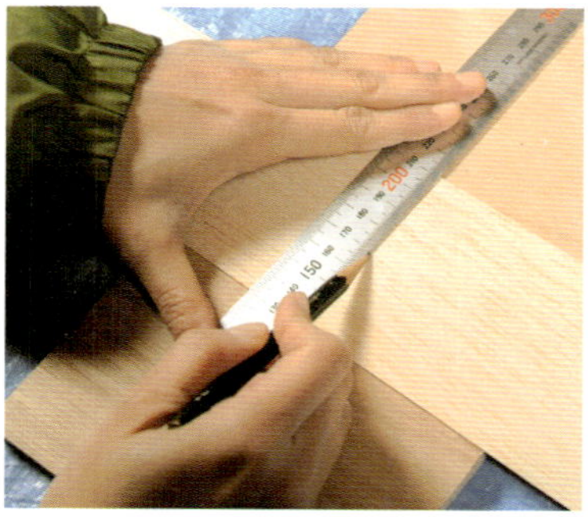

バルサ材にしるしをつける

窓サイズから左右の端が各5mmあくようにしたいので、窓サイズから10mmのところに線を引く。

2

バルサ材をカッターで切る

しるしをつけた箇所をカッターで切る。4枚とも、同様に切る。

Point!

バルサ材は工作用木材なのでカッターで切ることができます。軽く、すじをつけてから何回か切りこみを入れると切れますよ。

3

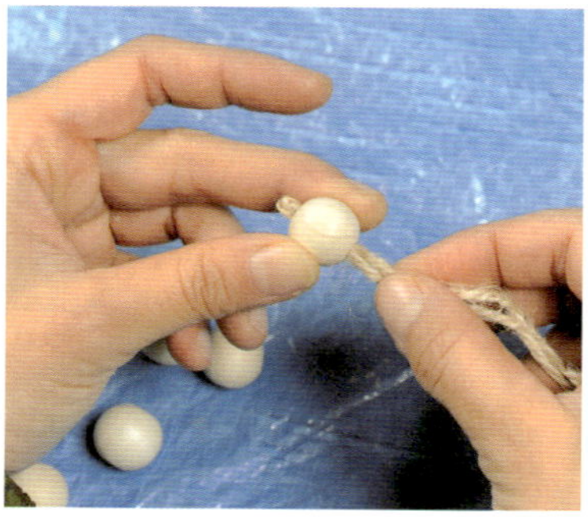

麻ひもに木球を通す

麻ひもを半分に折り、輪の方から木球を5つ通す。

4

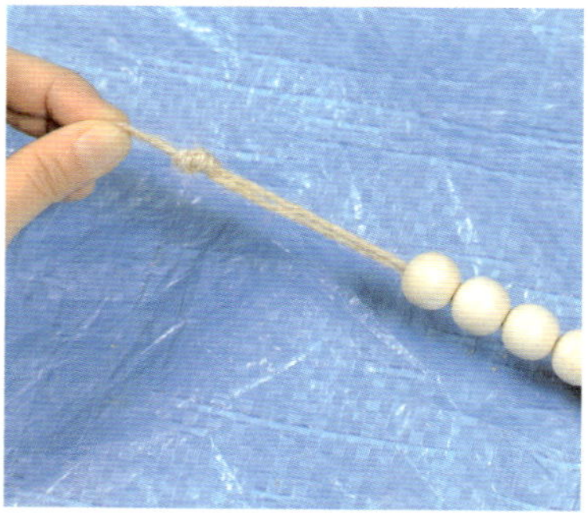

麻ひもを玉結びにする

木球を通し終わったら、通し始めの輪の方を玉結びにする。残りの1本も同様に。

5

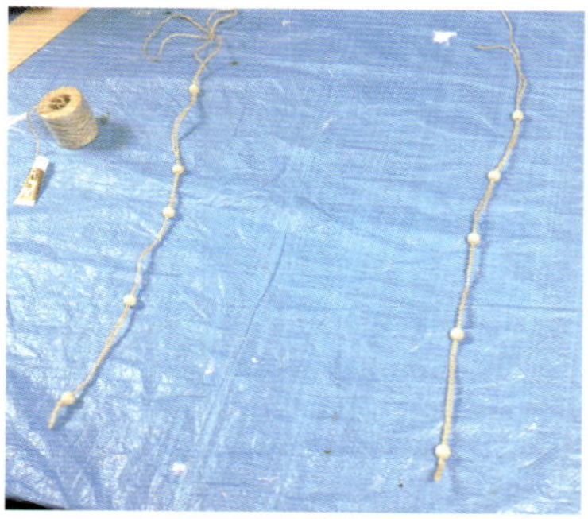

バルサ材を通す準備

木球の間隔をバルサ材の幅程度にあけて、配置しておく。

6

バルサ材を通す

先ほど間隔をあけておいた麻ひもの間にバルサ材を通して、木球で固定する。

7

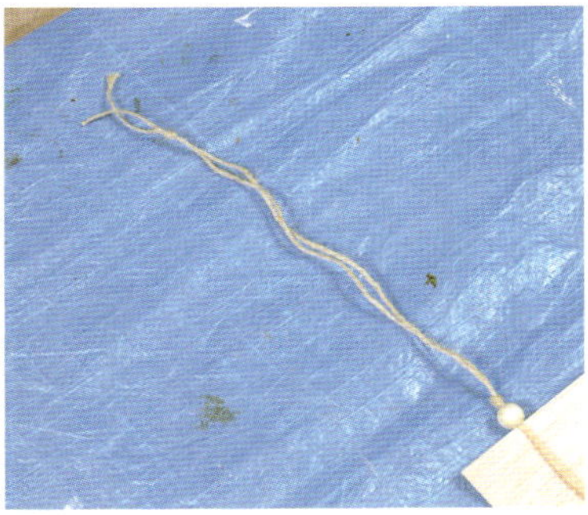

バランスを整える

バルサ材4枚をさしこんでバランスを整えて、最後の木球で玉結び。設置したい窓の高さ分の長さで、また玉結びをする。

8

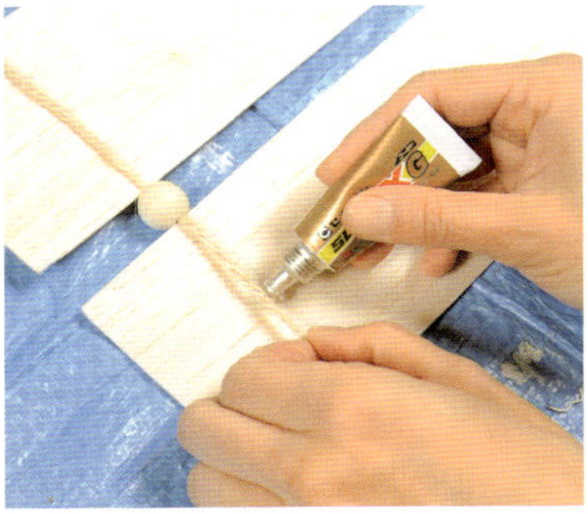

裏側を接着剤で固定する

バルサ材がずれないように、バルサ材と麻ひもを接着剤で固定させせる。

取りつけ方法

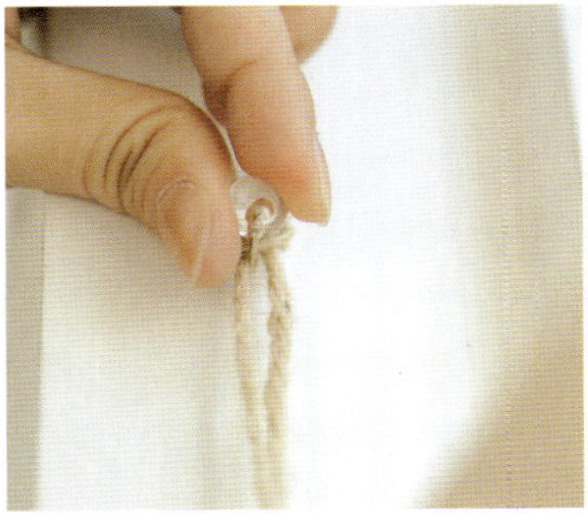

プッシュピンにひっかける

窓の内枠にプッシュピンをさし、玉結びで輪にしてある麻ひもをひっかける。または、突っ張り棒に輪にしてある麻ひもを通す。

Point!
材料ポイント

工作の味方「バルサ材」

バルサ材とは、柔らかく水にも浮く軽い木材のこと。カッターで切ることができます。主に模型などの工作に使われます。重いものを乗せるような場合には向いてませんが、板材の加工がしやすいので初心者向きです。厚さは1mmや2mmなどからあり、ホームセンターでは角材・板タイプなどに加工されて売られています。

03 A字脚の飾り棚

玄関で靴を履くときにカバンをちょこっと置く、直に置きたくない観葉植物をちょこっと置く……などさまざまな「ちょこっと置き」に使うことができます。脚がアルファベットの“A”になっているので、見た目にもかわいい形です。

いろいろアレンジ

飾り棚のサイズと色違いのバリエーションです。 幅 260mm、奥行き 140mm、高さ 270mm になっています。

サイズや色を変えるだけで、雰囲気が変わります。お好みでチャレンジしてみてください。作り方は基本のものと同じです。

03 A字脚の飾り棚

コスト ¥ ¥　時間　レベル

材料

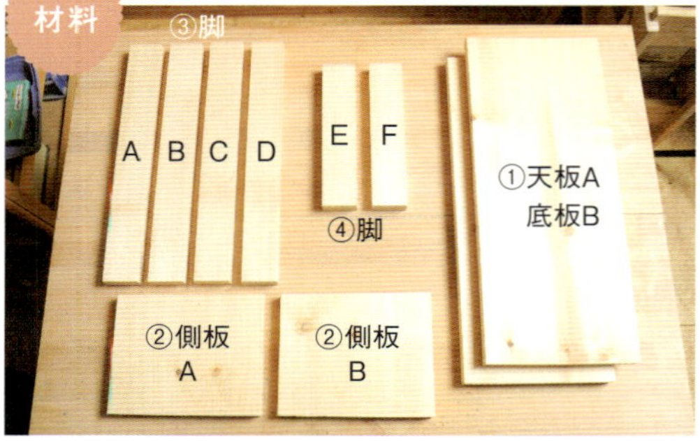

板：※ホワイトウッド①19×450×184mmを２枚、②19×150×184mmを２枚、③19×345×45mmを４枚、④19×210×45mmを２枚

道具

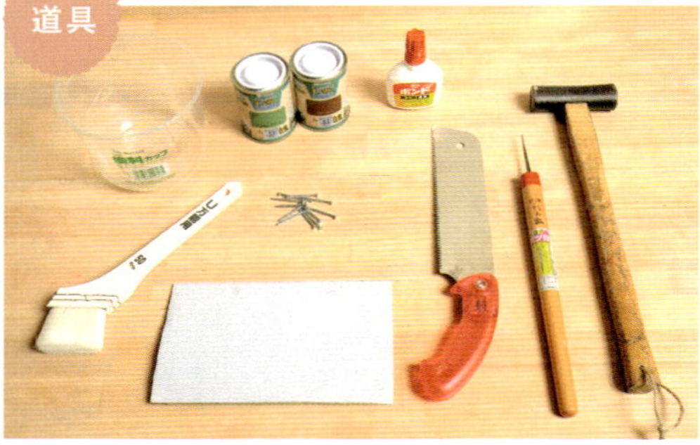

カナヅチ、ノコギリ、四つ目キリ、木工用速乾接着剤、紙やすり(180番)、クギ20本(スクリュータイプ32mm)、水性屋内外用塗料（カントリーライフカラーのプライムグリーンとカーキー）、塗料カップ、ハケ(50mm)
※カントリーライフカラーはカンペハピオの塗料です。

ホームセンターでの売り場

木材▶木材・建築材　カナヅチ・ノコギリ・キリ・紙やすり▶工具　クギ▶金物　塗料・ハケ・塗料カップ▶塗料　木工用接着剤▶テープ・接着剤

下準備

●板はカットサービスを利用して指定サイズに切ってもらう。木取り図は93ページ。

●天板A、底板*B、側板A・Bを箱形において、板の厚み分に合わせて点線のように天板Aと底板Bにしるしをつける。

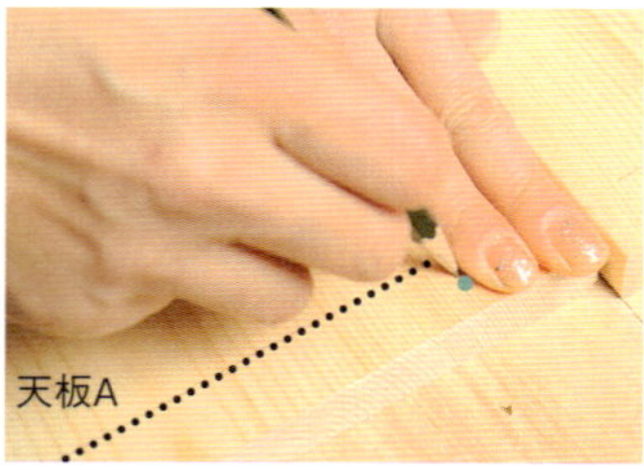

●天板Aに側板Aの厚み分にしるしをつけた幅の中に、上から指2本分の位置、下から指2本分の位置にしるしをつける。側板Bの厚み部分にもにつけるので4箇所つける。底板Bの左右にも同様にしるしをつけるので計8箇所にしるしをつける。

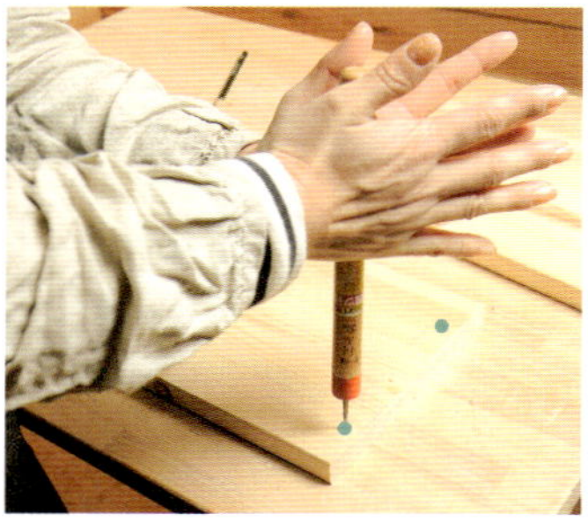

●しるしをつけた場所をキリでしっかり下穴をあけておく。
※キリの使い方は63ページ

*底板：底にくる板。

How to make.

手　順

1 箱をつくる

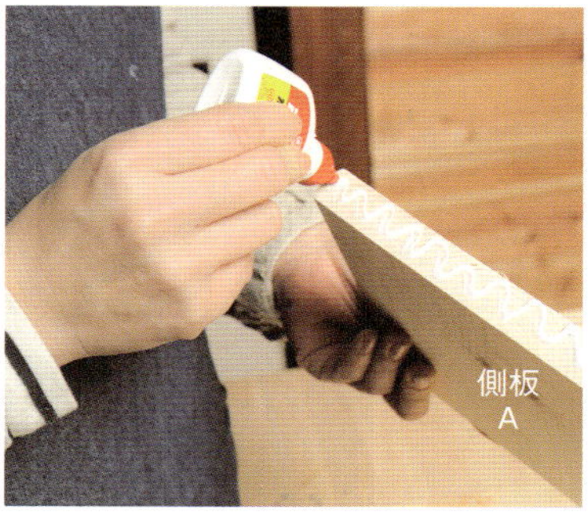

接着剤をつける

接着剤を側板Aの木口*に波のようにつける。

2

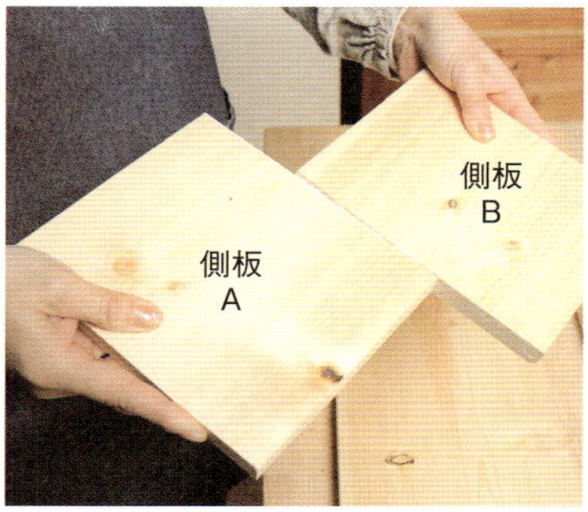

接着剤を伸ばす

側板AとBの木口をこすり合わせて、接着剤を全面につくようにうすく伸ばす。

3

天板Aに側板Aをつける

側板Aの接着剤がついた面を天板Aにつける。接着剤がなじむようにしっかり押しつける。

Point!
道具ポイント

木工用速乾接着剤

接着剤は塗って貼るだけだから簡単！　と思いがちですが、実は意外とノウハウが必要。
まず、接着剤はうすくつけるだけで大丈夫なのです。ぐっと押しつけるようにくっつけるのがコツ。余分にはみ出したらしっかりと拭き取りましょう。拭き残りがあると、塗料が染みこまなくなります。
そして、接着させたい面にうすく広げたら、しっかりと接着するまで動かさずに固定しましょう。ついつい、くっついたか確かめたくなりますが、そこはグッと我慢。乾燥途中ではがれてしまうと、接着力がうすれてくっつきにくくなります。
10分くらいで乾きますが、しっかりと接着させるには半日程度かかります。
木工用接着剤のひとつに木工用速乾接着剤があります。乾燥時間が短くてすみます。

*木口：木材を横に切ったその断面。

4

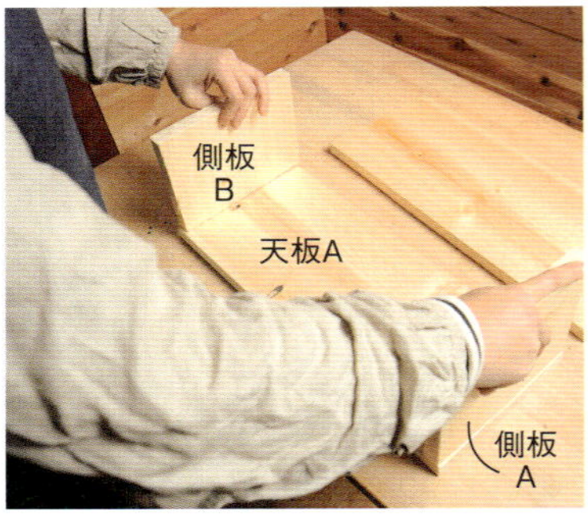

側板Bもつける

残りの側板Bも天板Aにつける。接着剤がなじむようにしっかりと押し付けて固定させる。

5

側板A・Bに接着剤をつける

側板A・Bの木口に接着剤を波のような形に塗り、ヘラまたは指や厚紙でうすく伸ばす。

6

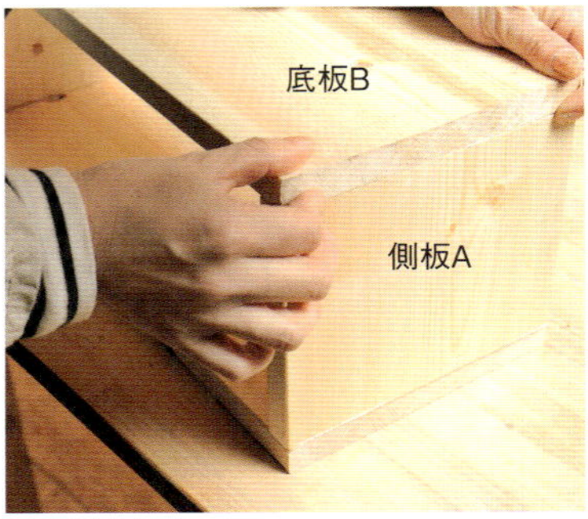

箱形にする

残りの底板Bを貼る。四隅はしっかりと貼り合わせる。

7

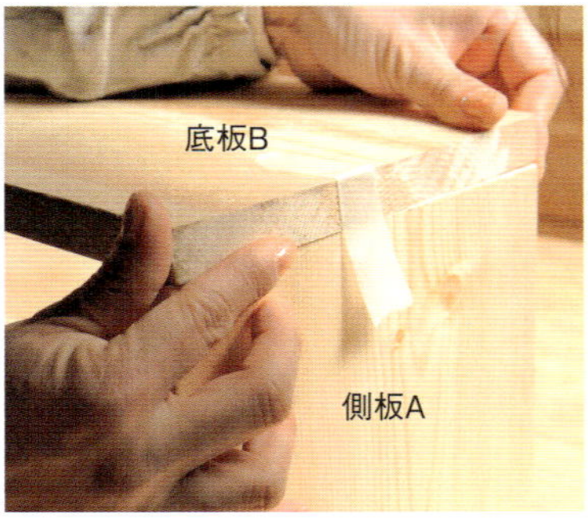

角を固定する

マスキングテープなどで角を固定させる。セロハンテープでも代用OK。

Point!

接着剤がはみ出た部分は、乾く前に軽く水を含ませたキッチンペーパーなどで拭き取ること。接着剤は乾けば透明になりますが、後で塗料を塗ると接着剤がはみ出た部分だけ染みこまなくなってしまいます。

8

クギをうつ

10分ほどで接着剤が乾いたら、下穴をあけておいた4箇所にクギをうつ。下穴があるので、クギに手を添えなくても大丈夫。

9

裏もクギをうつ

ひっくり返して、手順8と同様に裏側もクギをうつ。

Point!
道具ポイント

カナヅチ

木工で使うカナヅチは「両口玄能」が最適です。鉄の打つ部分には、片側に丸面、片側に平面があり、打ち始めから仕上げの前までは平面で行い、最後の仕上げは丸面で行います。平面でクギの頭をとらえて打ちやすくし、丸面でクギのまわりの板を傷つけないようにするためです。リズミカルに“トントントン”と力を入れすぎずに打つことがポイント。基本的には、カナヅチの柄の先を持って、肘を中心に使っておろします。短めのクギの場合はカナヅチの上の方を持って、手首を使いながら打ちます。

10 脚を貼る

中心にしるしをつける

側板Ａの天板Ａとくっついている辺の中心を定規で測り、しるしをつける。片側だけでＯＫ。

11

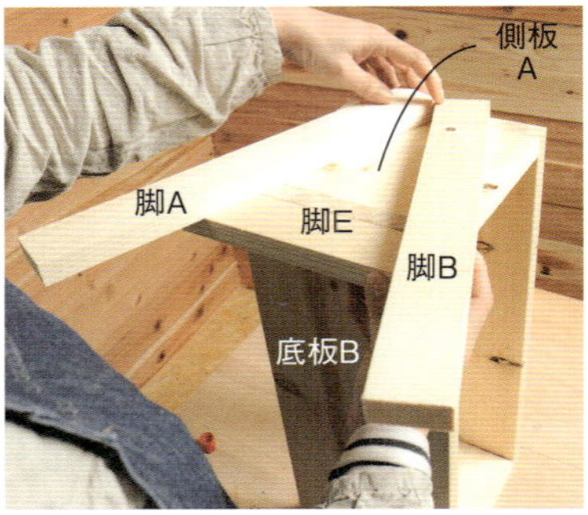

脚Ａ・Ｂと脚Ｅで脚をつくる

側板Aの下に脚Eを当て、脚A・Bを手順10でしるしをつけた中心に合わせながら位置決めをする。“A”の形にする。

12

接着剤をつける場所にしるしをつける

側板Aにつける脚Aの接着剤の範囲に裏からしるしをつける。

13

脚Aに接着剤をつける

手順12にてしるしをつけた範囲に接着剤をつけ、ヘラなどでうすく伸ばす。

14

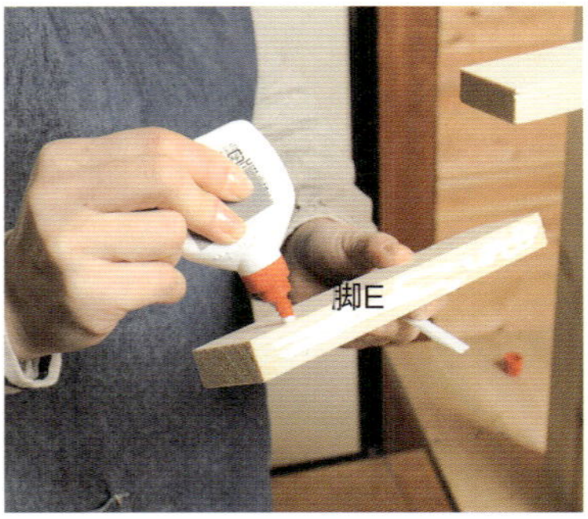

脚Eに接着剤をつける

脚Eの厚み部分と脚A・Bがつく予定の表面の左右2箇所に接着剤をつける。

15

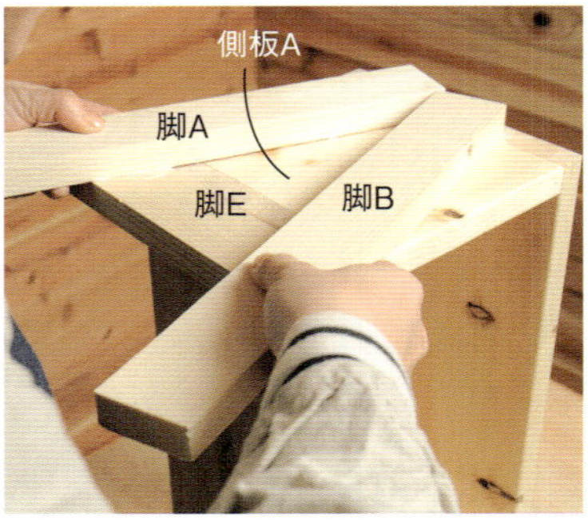

脚のバランスをみる

接着剤をつけて、改めて脚全体のバランスをみながら、しっかりと固定させる。

16

反対側も脚をつける

手順10から15をくり返し、同様に反対側にも脚をつけて固定させる。最後に脚E・Fを裏から押さえつけるとしっかりと固定できる。

17 脚をクギでとめる

脚に下穴をあける 1

まず、片側の脚をつくる。10分ほどで接着剤が乾いたら、脚A・Bの各上から指2本分の位置にキリでしるしをつけ下穴をあける。

18

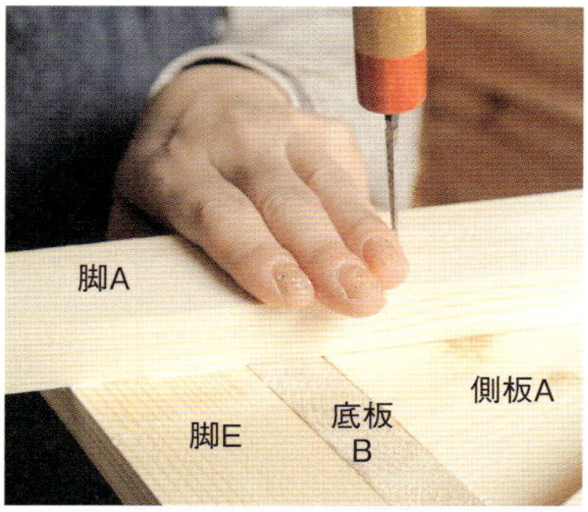

脚に下穴をあける 2

次に脚A・脚Bに、底板Bからそれぞれ指３本分の位置に、しるしをつける。残りの脚C・Dも同様に下穴をあける。

19

クギをうつ

下穴をあけた4箇所に、クギをうつ。

20

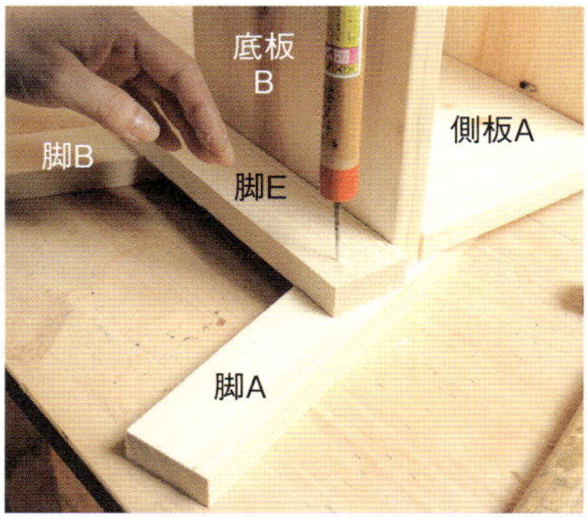

裏にしるしをつけて、下穴をあける

ひっくり返して、脚Eの裏側の左右の各両端から指1本分の位置にしるしをつけ、キリで２箇所下穴をあける。

21

クギをうち、片側も同様にする

下穴をあけた箇所にクギをうつ。同様にもう片側にも下穴をあけてクギをうつ。これで両側に脚がつく。

22

脚の着地面をまっすぐにする

平らな場所に置いて、定規を置き、脚に床と平行になる直線をひく。置きたい場所に実際に置いて定規でしるしをつけるとよりフィットしたものになる。

23

しるしをつけた部分を切る

しるしに沿って外側をノコギリで切る。残りの脚も同様に。これで安定した脚が完成。

Point!
道具ポイント

ノコギリ

切るときのコツは、「切りはじめは親指のツメを添えて軽く切り込みをいれること」。「切りたいしるしに沿って外側を切ること」。「ノコギリを30°ぐらいに傾けながら切ること」。「力を入れずに往復運動をさせること」。そしてなにより「まっすぐに切ること」。慣れないと切り口がきれいに仕上がらないかもしれませんが、紙やすりをかけることで、ある程度はきれいになります。
ノコギリの原理は手前に引くときに切れるので、押すよりも引きが大事なのです。大きな木材などはホームセンターでカットしてもらう方が便利で、仕上がりの断面もきれいですが、調整をするための細かいカットは自分でしなくてはなりません。今回の脚のようなサイズであれば、ラクに切ることができます。女性には軽量で持ちやすい、写真のような小型のタイプがおすすめ。

24

やすりがけをする

塗装の下地作りのために木片に巻いた紙やすりで全体と、角の面取り*をする。面取りのやすりのかけ具合は2〜3回往復させればOK。

25

脚にもやすりがけをする

ノコギリで切った脚の表面はしっかりとやすりがけをして、なめらかにする。

26

塗料を塗る〈箱の部分〉

箱の部分にプライムグリーンの塗料を、塗りづらい裏側や内側から塗り、最後に表側を塗る。後から塗るカーキーが濃いのでマスキングテープを貼らなくてもOK。

27

塗料を塗る〈脚の部分〉

先に塗った箱がしっかり乾いてから、汚れないように箱についている脚の部分まわりにマスキングテープを貼っておく。脚の部分にカーキーを塗る。ハケで塗りにくいような細かい場所は、絵筆を使って塗ると塗りやすい。

Point!

木口は塗料を吸い込んでしまいがちなので、2度塗りすること。

＊面取り：木材の角に紙やすりをかけて、角に丸みをつけること。

Column.3

指は万能定規！

指って実は簡単な定規にもなるのです。指1本の幅はおよそ1.5cm程度。これを覚えておけば、クギやネジの位置決めなどに便利です。ただし、中心を正確に知りたいときなどは、ちゃんと定規を使いましょう。
他にも手をいっぱいに広げて親指から小指までの長さを測っておけば、家具を買うときなどに、定規の代わりの目安として測ることができます。手は身近な工具なのですね。

水性塗料ってどんなもの？

以前は「塗料といえば油性」のイメージが強かったのですが、最近では水性塗料が主流になりつつあります。
水性塗料は臭いが少なく、乾きが早くて、色のバリエーションも豊富です。使い終わった道具も水で洗うことができます。道具を水で洗うことができるので、塗り終わった作品が水に濡れたときが心配になりますが、しっかりと乾燥させたあとならば水に濡れても塗料が落ちることがありません。

Column.4

貼って・塗って乾かすだけ！ CDラック
～簡単に作ってかわいくデコる～

簡単なCDラックがすぐに作れます。作ったあとは自由にデコって自分好みのものを作ってみましょう。

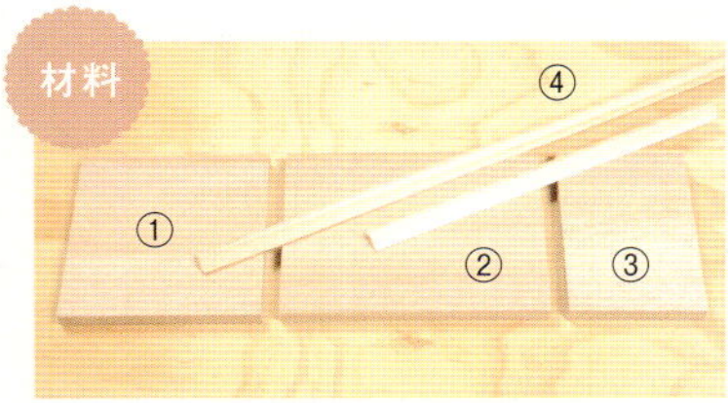

①14×150×150mm、 ②14×200×150mm、③14×100×150mm ※すべてラワン集成材。④15×150mmを２本 ※ひのき三角材

ノコギリ、木工用速乾接着剤、紙やすり（180番）、ジェルカラーニスのウォルナット、ウエス（タオル、Tシャツの端布など）、ゴム手袋
※ジェルカラーニスはアサヒペンの塗料です。

下準備しておくこと

- 板はカットサービスを利用して指定サイズに切ってもらう。
- 木口、表面に紙やすりをかけて、なめらかにしておく。
- 14×150×910mmで集成材は売られているので、2セット分を切り出すことができる。
- 三角材を150mmに切っておく。

How to make.

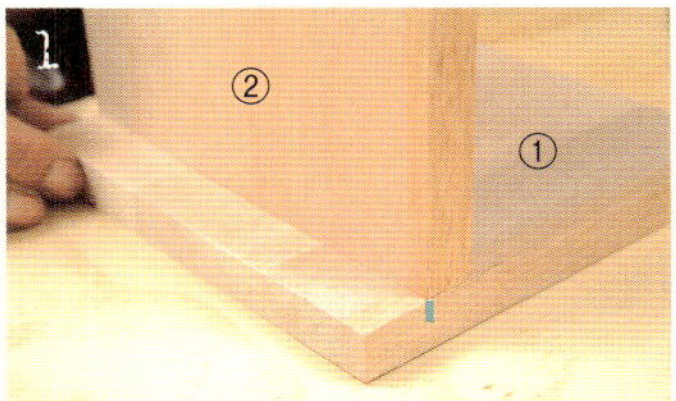

板にしるしをつける

①は端から20mmのところ、③は端から50mmのところにしるしをつける。
ポイント▶両側の木の端にしるしをつけると、接着剤を貼ってからも合わせやすいです。

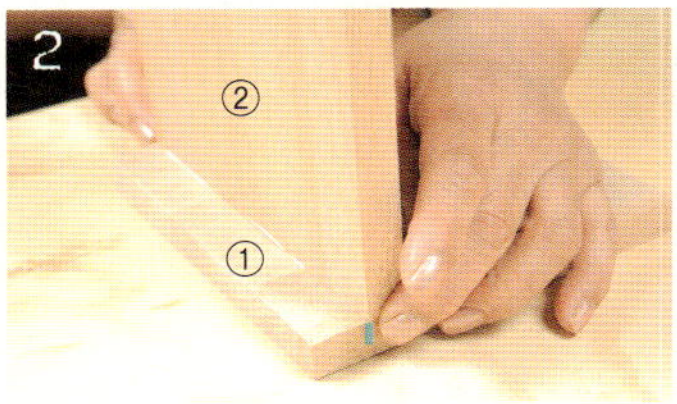

②の木口に接着剤をつけて貼る

②の木口に接着剤をうすく伸ばして、①のしるしをつけたところに貼る。
ポイント▶はみ出た接着剤は固くしぼったウエスで拭きとること。

②の反対側に接着剤をつけて③を貼る

②の反対側の木口に接着剤をうすく伸ばして、③のしるしをつけたところに貼る。

三角材を角に貼る

①と②の角、③と②の角に④の三角材を接着剤で貼る。直角なのでぴったりと合わせやすい。

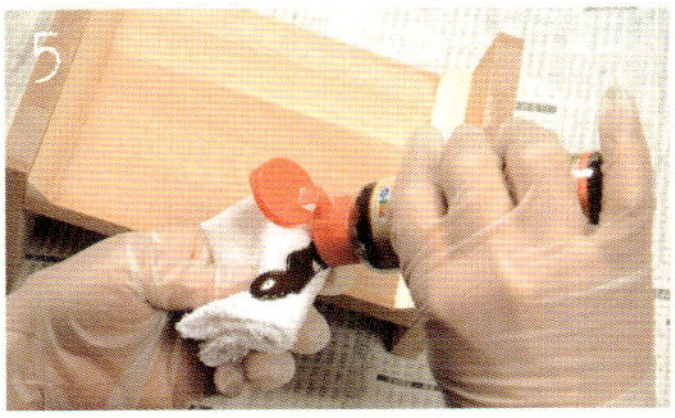

ジェルカラーニスを塗る

接着剤が乾いたら、ウエスにニスをとり、伸ばして塗っていく。

◀ポイント：木口は塗料をよく吸い込むので、しっかりと塗ること。

デコる

ニスが乾いてから、多用途接着剤でいろいろ貼ってみましょう。造花や小さなフィギュア、貝殻、ボタン、リボンetc……何でもOKですよ。

04 パーテーション

ちょっと隠したい場所、玄関からすぐに部屋の中が見えないようにしたい……。
そんなときにはパーテーションが便利。布は簡単に取りはずしができるので、季節や気分によっていろいろな雰囲気を出すことができます。

04 パーテーション

コスト ¥ ¥ ¥　時間　レベル

材料

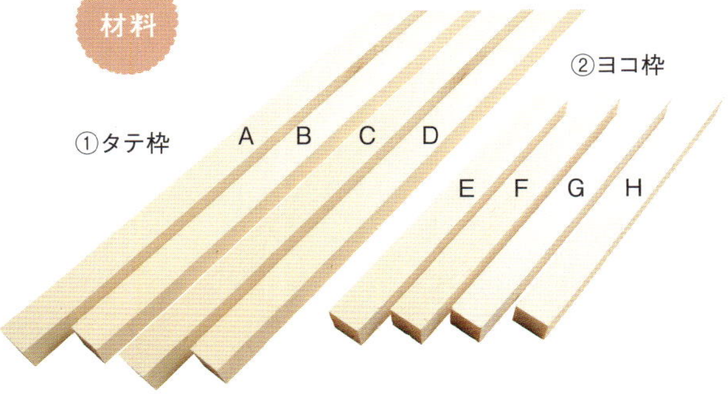

板：※ホワイトウッド①30×30×1520mmを4枚、②30×30×295mmを４枚

道具

ドライバー、四つ目キリ、紙やすり(180番)、木工用速乾接着剤、木ネジ44本(13mm)、L字金具８個(白)、丁番２個(白)、粘着シート付き面ファスナー40×300mm、水性ツヤ消しニス、塗料カップ、ハケ(50mm)、布(2000×340mm)を２枚、裾上げテープ、アイロン

ホームセンターでの売り場

木材▶木材・建築材　ドライバー・キリ・紙やすり▶工具　L字金具・ネジ・丁番▶金物　塗料・ニス・ハケ・塗料カップ▶塗料　木工用接着剤▶テープ・接着剤　面ファスナー▶梱包用品またはテープ・接着剤　裾上げテープ・布▶手芸コーナー

下準備

- 木材はカットサービスを利用して指定サイズに切ってもらう。
- 布の横幅を②のヨコ枠の幅に合わせて左右を折り、裾上げテープで左右のへりの始末をしておくこと。

- 布はヨコ枠の長さ＋40mmの長さに切る。

- 左右の幅をヨコ枠Eの幅に合わせて、左右を20mmづつ内側に折りこむ。

- 裾上げテープで折りこんだ部分をとめる。

How to make.
手　順

1　枠をつくる

脚にしるしをつける

タテ枠A～Dを縦に4本並べたところに、T字のようにヨコ枠Eを横において、一度に線を引く。線に合わせて手前にヨコ枠Eを倒してまた線を引く。上下とも同様に。

2

接着剤をつける

ヨコ枠Eの木口*の面に接着剤をつける。タテ枠Aの2本目のしるしに合わせて外側につける。L字金具を置き、ヨコ枠Eの直角を確認する。

3

L字金具をとめるネジの下穴をあける

L字金具は内側を向くようにとめる位置決めをする。金具の穴の中央に下穴を2箇所あける。やりづらい場合は、マスキングテープで固定を。
※キリの使い方は63ページ

これなに？

L字金具

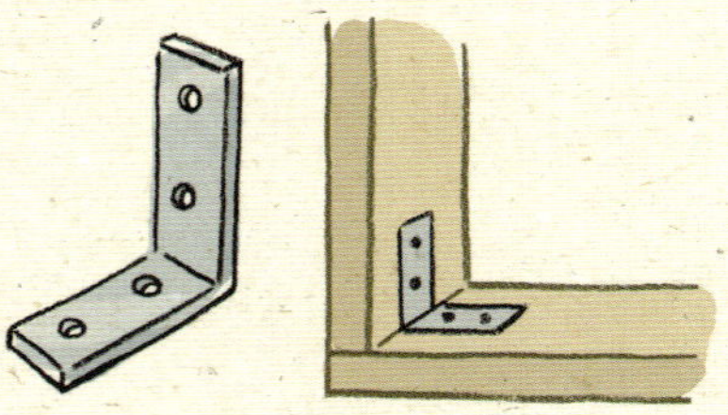

L字金具とは、名前のとおりLの形をした金具です。直角のものを固定するための補強に使います。その他にも、地震での家具の転倒を防ぐために家具と壁を固定するときに使ったりもします。
色は金物の定番であるシルバーの他に白や黒などもあります。材質によっては塗装することもできます。

*木口：木材を横に切ったその断面。

4

ネジをとめる

下穴にネジを入れて金具をとめる。接着剤でつけたヨコ枠Eがずれないように注意。

5

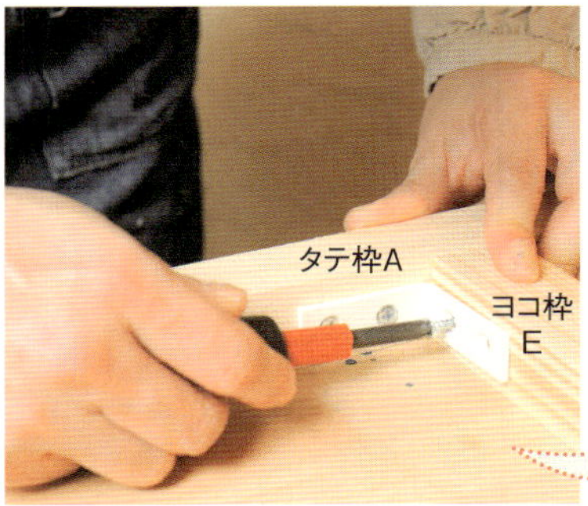

金具の片側もとめる

タテ枠Aをネジどめしたら、全体を寝かせて倒してヨコ枠Eに下穴をあけてから、ネジでとめる。

Point!

木材が長くて、机の上で作業がしにくい場合は、床におろして広い場所でやりましょう。床に汚れや傷がつかないようにビニールシートや新聞紙、段ボールなどをひいて、汚れを防止してください。これを“養生”といいます。

6

同じ枠を２つ作る

残り３箇所も同様に下穴をあけてから金具をとめる。金具は向き合うようにつけること。そして、同様の手順で同じ枠を２つ作る。

※枠の形は47ページ参照。

7

枠にニスを塗る

全体にニスを塗る。ニスを塗った木を触る場合にはビニール手袋をすること。

Point!

今回はニスを塗り、木材の材質を生かしてクリアなままにしていますが、水性塗料を使用してカラフルに塗装してもOK。

8

丁番をつける位置決めをする

2つのタテ枠を並べて上端から200mmの箇所に開いた状態の丁番をマスキングテープで固定する。同様に下から200mmのところにも丁番の位置決めをする。

9

キリで下穴をあける

丁番の穴の中央に、キリで下穴をあける。

10

ドライバーでネジをとめる

下穴をあけた箇所にドライバーでネジをとめる。

Point!

最初からしっかりととめずに、すべて8割の深さまでネジをとめて仮どめにします。丁番がずれていないか、見ながら増締め(再度、締め直すこと)をします。

これなに？

丁番

主にドアや家具の扉などに使われ、扉の開閉時に回転軸としての働きをする金具。基本的に扉などには、上下に2箇所つけて使います。種類もさまざまあり、とまっているオス蝶とメス蝶の形に見えることから蝶番(ちょうつがい)とも呼ばれています。

こちらもL字金具のように塗装されているものもあるので、つけたい場所の色に合ったものを選ぶことができます。また、アンティーク家具の雰囲気に合った色味と形のタイプなどもあります。

11

面ファスナーをつける 1

丁番をつけた面を裏として表側のヨコ枠の両端・中心に面ファスナー(オスメス貼り合わせたもの)をつける。

12

面ファスナーをつける 2

同様に下のヨコ枠にも、面ファスナーをつける。

13

布をはる

手順11でつけた面ファスナーの粘着面に布の端を木の端に合わせ貼る。

14

布を後ろにまわす

ヨコ枠を巻くように布を写真のように後ろをくぐらせて、1周させる。下側は前から1周まわして布の端を面ファスナーに貼る。

Point!

同様の幅の布の、上下に面ファスナーをつけると、取り替えが可能になります。

Completion!!

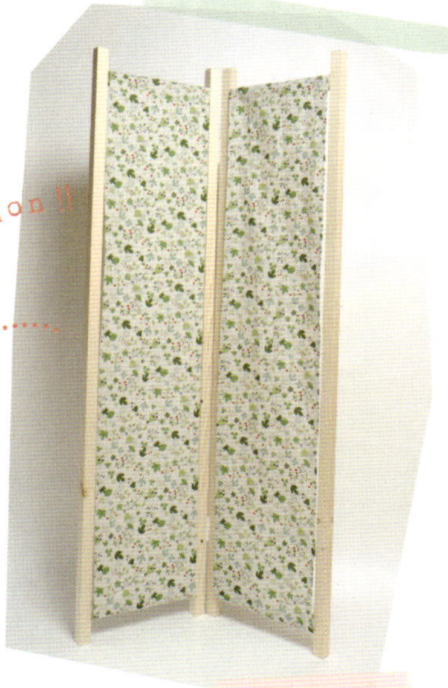

布をはずすと・・・

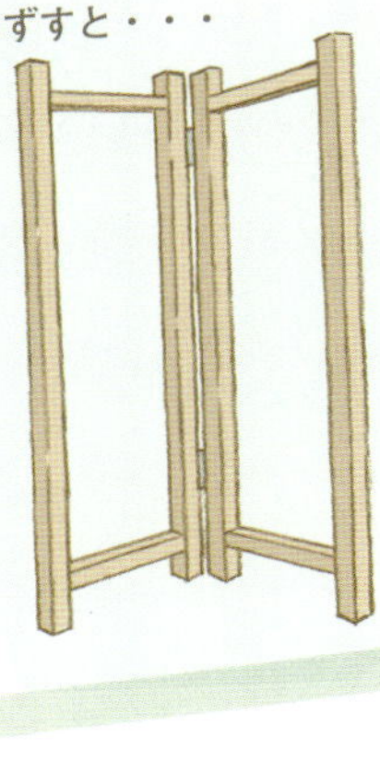

Column.5

災害は思わぬところでやってくる
― 地震対策ってしてますか ―

ＤＩＹ用品が揃っているホームセンターには、防災用品の売り場も充実しています。地震は、起きてしまったら自分でどうにかしなければなりません。起きたあとではなく、起きる前に対策をしておくことが大事！　ちょっとしたことや工夫で地震対策をしてしまいましょう。

大切なのは家具の配置

まずは出入り口をふさがないようにすること。出入り口にいろいろ物を置いていると、それらが倒れてドアが開かなくなり、出られなくなります。そして寝室に背の高い家具を置かないこと。寝室は家の中で一番長い時間過ごすところでもあります。寝ているときに地震が起きると対応がどうしても遅れてしまうものです。これらの家具の配置は引っ越しのときに考えるのがベストですが、部屋の模様替えも兼ねておこなってもいいでしょう。

家具のズレや転倒を防止する

家具自体の重さが軽く、グラグラと動いてしまうなら、床に接する面などにすべりどめジェルを貼ったり、家具の下の方に重いものを入れると改善されます。
すべりどめジェルは、裏に粘着シートがついていて貼ることができるので簡単です。ただし、耐用年数を確認して使用してください。

家具をしっかり固定させる

タンスなどの背の高い家具はやはりグラグラするもの。固定させる方法としては ①「突っ張り棒式家具留め」②「家具の下にストッパーを入れる」があります。
①の場合は天井がしっかりしていること・高さのあるタンスであることが必要。突っ張り棒の上に板を入れると、面で支えることになるので強度が増します。他に天井とタンスの隙間に、高さがぴったりサイズの段ボールをはめ込んでも同様の効果があります。このとき段ボールの中には軽く荷物を入れておくと安定します。
②は市販されている専用ストッパーがおすすめ。段ボールや新聞でも代用OK。ストッパーを入れることで、家具の後ろ側が壁についていることが大事。長さも家具の幅いっぱいにすることが大切です。
※突っ張り棒式家具留め、段ボールなどが丸見えで見た目が気になるときは、カフェカーテンなどをプッシュピンでとめて目隠しをするといいですよ。

ガラス飛散防止フィルム

食器棚などのガラスの扉は、地震の際には中のものがガラスを割って飛び出したりするおそれがあります。これらを防止する「飛散防止フィルム」があるので、扉のガラス部分に貼るといいでしょう。中に入っているものがなんであれ、地震のときには思いがけない動きをするので注意が必要です。

05 カスタマイズＢＯＸ

ちょっとした小物飾りに、収納として、本棚として……さまざまな用途に使えるＢＯＸ。
基本形を覚えれば、サイズ変更やデコレーションも簡単にカスタマイズができてしまいます。
背板をつければ作りが強化されるので、重いものでも上に置くことができます。

いろいろアレンジ

A ポップなお菓子のような“布＋カラフル画鋲”

見た目にもおいしそうなカラフル画鋲を使います。丸みのあるもの、動物の形をしたものなど、画鋲は意外に種類が豊富。お好みでどうぞ。

B シンプルかつ目隠しもできる“目隠し布＋飾り鋲”

飾り鋲がポイント！　アンティーク風の色味もあるのでクギや画鋲とは違った深みがあります。

C くるみオイル＋絵の具で“アンティーク風”

絵の具で木目を生かした仕上げに塗ります。アクリル絵の具と食用のくるみオイルでアンティーク風に仕上げます。

D かわいい色味もたくさんある“ペイント”

パステル、アンティーク風、ポップなど色味のバリエーションはさまざま。スポンジで塗るので簡単です。

E お手軽に“マスキングテープ”

手で簡単にちぎることができるので、一番お手軽。何色か使うと見た目にもカラフルに。

F かわいい紙でラッピング“ペーパー”

模様のかわいい紙、手触りがやわらかい和紙など売られているものでも、プレゼントが包まれていた包装紙でも紙なら何でもＯＫ。

G 重ねづけもかわいい“スタンプ”

レース模様、エッフェル塔、アルファベットなどスタンプにもいろいろ。インクも色が豊富です。

05 カスタマイズBOX（基本形A４サイズ）

コスト ¥　　時間　　レベル

材料

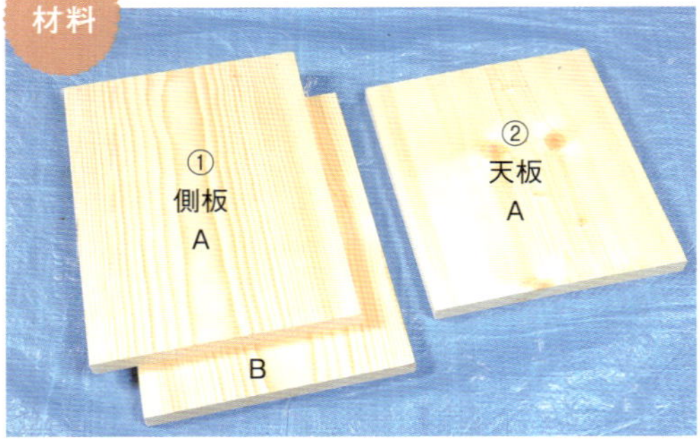

板：※1×10材①18×315×230mmを2枚、②18×270×230mm

■1×10材は売られている1820mmで、２セット作ることができる。

■これ以上のサイズにしたい場合や重いものを乗せたいときは背板をつけること。背板をつけることで強度が増す。背板は5×270×333mm、あるいは半分サイズでＯＫ。うすい合板、有孔ボードなどが最適。

道具

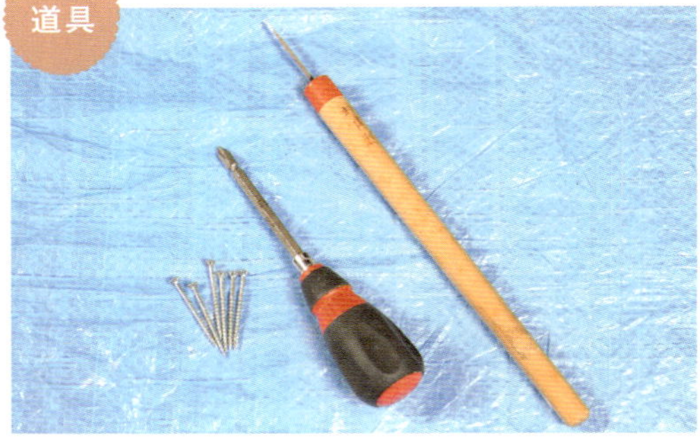

ドライバー、四つ目キリ、スリムネジ６本（45mm）

ホームセンターでの売り場

木材▶木材・建築材　ドライバー・キリ▶工具　クギ▶金物

下準備

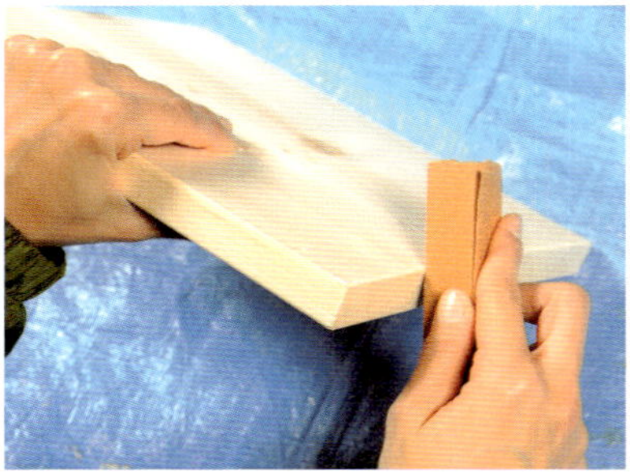

●板はカットサービスを利用して指定サイズに切ってもらう。
●木口*を紙やすり（120番）でやすりがけをし、ささくれ、バリ*をとっておく。

＊木口：木材を横に切ったその断面図。
＊バリ：木材を切ったり、穴をあけたときに、へりや穴の裏側にできる“ささくれ”のこと。

How to make.

手　順

1

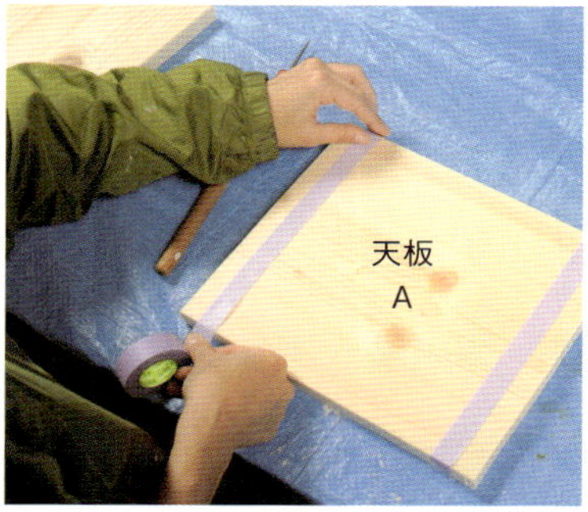

マスキングテープでガイドライン

天板*Aの両端から側板*の厚み分である18mmのところにマスキングテープを貼り、ネジをとめるガイドラインにする。

2

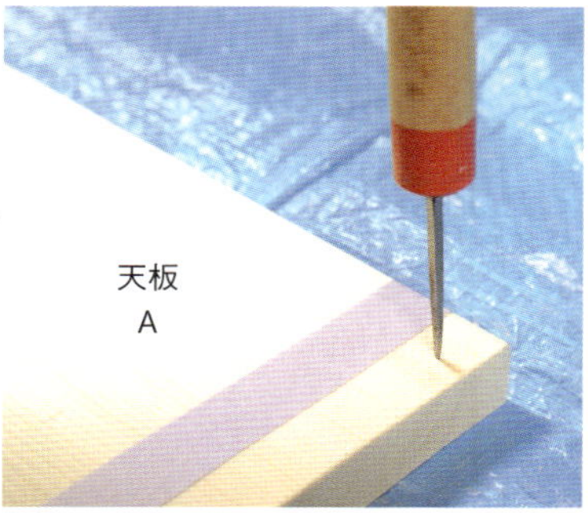

キリで下穴をあける

板の端からマスキングテープまでの中心あたりにキリで下穴をあける。上・中・下と３箇所適度な位置にあける。

※キリの使い方は63ページ

3

ネジを貫通させる

下穴にネジをとめる。このときに先が少し出るくらいまで、ネジを貫通させる。

4

側板Aに天板Aを固定させる

ＣＤケースなどで直角を確かめながら、天板Aに貫通させておいたネジを側板Aにさして位置を固定させる。

5

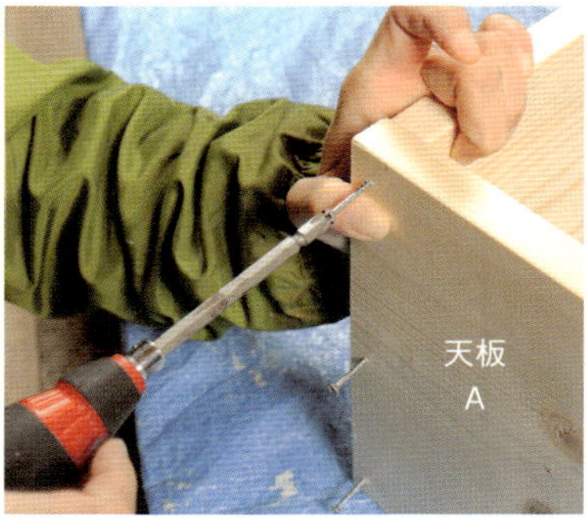

ネジをしめる

直角を確かめながら、３箇所を８割程度の深さまでネジをしめていく。その後残り3箇所も同様。

6

立てて、ネジをしっかりとしめる

天板Aに側板A・Bがついたら、箱を立てる。がたつきがないか見ながらネジを最後までしっかりとしめる。

*天板：上面にくる板。
*側板：側面にとりつける板。

バリエーションB　目かくし布＋飾り鋲

材料　基本＋布（箱の外枠サイズより多少大きめ）＋飾り鋲３つ、カナヅチ

How to make.

1

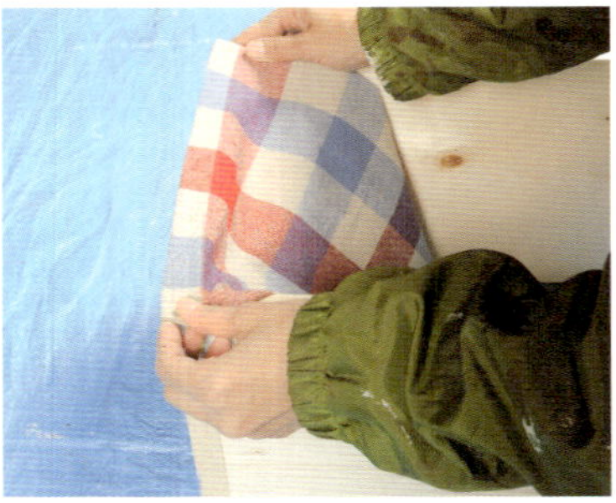

布を箱の外枠サイズに合わせて折り、布用接着剤、裾上げテープなどで裾上げをする。

2

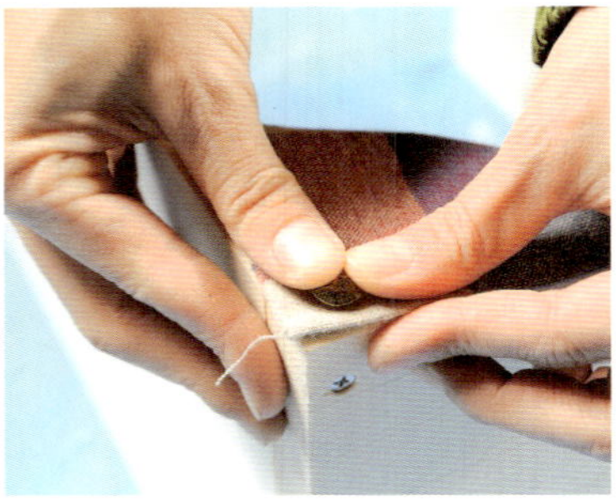

布を箱の上に合わせて、板の厚み部分に中央→左右の順で飾り鋲をさしこむ。

3

指で押し込むのが、大変なときはカナヅチでうつ。

バリエーションA　布＋カラフル画鋲

材料　基本＋布（３枚の板をつなげたサイズ）＋カラフルな画鋲、両面テープ

How to make.

1

側板A・B、天板Aの表面に両面テープ（一般材料用）を１面につき５箇所に貼る。

2

両面テープに布を伸ばして微調整をしながら貼る。

3

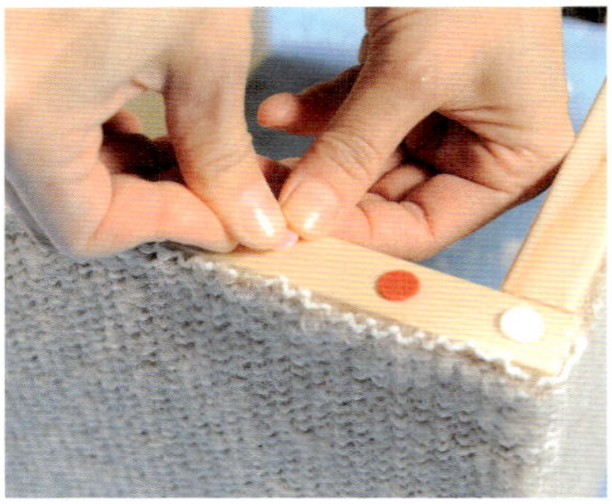

布をすべて貼り終えたら、正面にくる板の厚み部分にお好みで画鋲をさしこむ。

背板あり

バリエーションE　マスキングテープ

材料　基本＋マスキングテープ＋背板（有孔ボード）、
ドライバー、ネジ

How to make.

1

Point!

左右にひっぱりながら
貼ると、シワにならず
に貼ることができます。

貼りたい面に合わせて好みのマスキング
テープを切り、貼っていく。

2

背板の、有孔ボードを取りつける。端の4
箇所をネジで固定する。

バリエーションG　スタンプ

材料　基本＋スタンプ＋スタンプ用インク＋好みの飾り

※スタンプは箱が完成してから押すと、不安定できれいに押せないので、
組み立てる前の板の状態でスタンプを押します。

How to make.

1

Point!

スタンプは大きければ大き
いほど、しっかりとスタン
プの真ん中を押しましょう。

箱の基本形を組み立てる前に、板の状態
で先にスタンプを押す。

2

スタンプの他にもお好みで飾りを貼る。

バリエーションF　ペーパー

材料　基本＋紙＋スプレーのり、両面テープ、カッター

How to make.

1

貼りたい場所＋18mm（板の厚み分）のサイズで紙にしるしをつけてカッターで切る。

2

紙に折り目をつけてから、はがれやすい端の部分や板の厚み部分に両面テープを貼る。

3

大きめの紙袋の中で紙全体にスプレーのりを吹きつける。
※のりが飛び散らないため。

4

空気が入らないように中心から外側に向かって紙を貼る。内側も同様に。

バリエーションD　ペイント

材料　基本＋水性塗料（ミルクペイントのドレッシングテーブルブルー）＋スポンジ、塗料カップ、飾りリボン、両面テープ
※ミルクペイントはオールドビレッジ社の塗料です。

How to make.

1

塗料カップに塗料を出して、ゴム手袋をはめてスポンジに軽く吸わせて塗る。

Point!

木口は塗料を吸い込むのでスポンジでしっかりとたたき込みます。

2

塗料が乾いたら、板の厚み部分に両面テープを使ってリボンをつけるとアクセントになる。

バリエーションC

背板あり

アンティーク風

材料 基本＋アクリル絵の具（茶色・赤・黒）＋背板、真ちゅうクギ8本（18mm）、カナヅチ、くるみオイル、布、塗料カップ、小筆

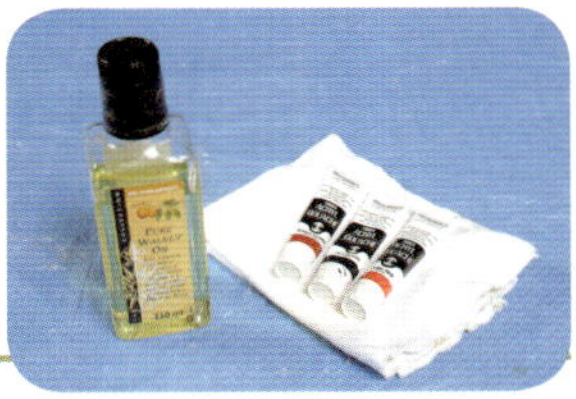

How to make.

1

アクリル絵の具を混ぜて好みの色味にし、最後に水を多めに足す。目立たないところで試し塗りをすること。

2

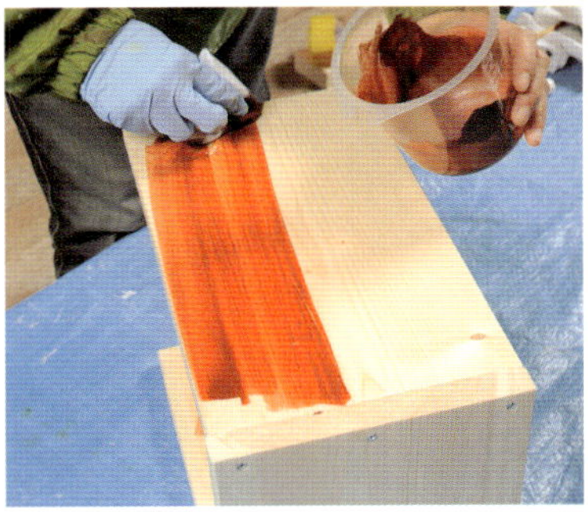

ゴム手袋をはめて、布に染みこませて、箱と背板を塗る。木目に沿って塗ること。

3

乾いてから、背板を真ちゅうクギでとめる。キリで下穴をあけておくとうちやすい。

4

絵の具が乾いたらくるみオイルを布で塗り染みこませてすりこんでいく。その後、木目に沿って乾いた布でカラ拭きをする

Point!
材料ポイント

くるみオイル

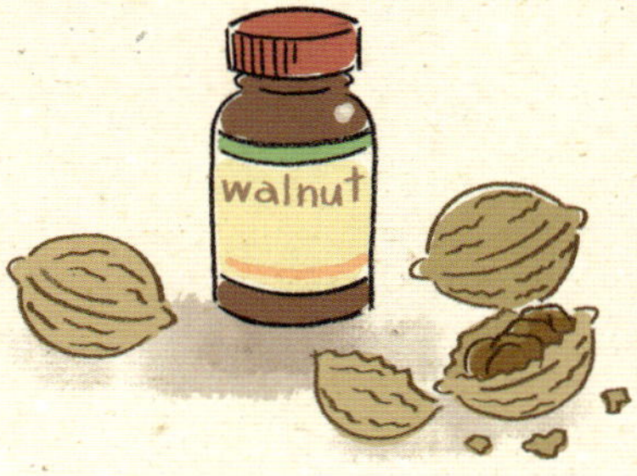

DIYでは自然なツヤや色を出す際に使用します。今回は手に入りやすい食用のオイルを使いました。
オイルなので水分をはじく効果もあります。何回か染みこませたあとにカラ拭きをすることで、ツヤが出てきます。
使い込むと色合いが味わい深くなるため、「オイルフィニッシュ仕上げ」の1つとして家具などでも使われています。

06 マイ柱で簡単飾り棚

賃貸住宅でも「ディアウォール」さえあれば、壁を傷つけることなく自分だけの“マイ柱”が立てられます。このマイ柱を２本と棚板を使えば、簡単に飾り棚を作ることができます。棚板の幅や長さや色味を変えることで、何通りにもバリエーションが広がります。

いろいろアレンジ

マイ柱とレンガ棚で
“トータルコーディネート”

翌日着ていく服からカバン、靴までを並べてトータルコーディネートはいかが？
マイ柱を１本立てて服を、床にはレンガと板を交互に重ねただけの簡単な棚を作るとカバンや靴が置けます。
ハンガーをかけたい場所に、お好みのフックを取りつけます。そして、床にはすべり止めシート、レンガ、板の順に重ねて簡単な組み合わせ棚を作ります。接着剤やクギ、ネジを使わないので、模様替えや引っ越しのときにも、取りはずしや組み立てが簡単です。

これなに？

ディアウォール

ＤＩＹ用品などを総合開発・販売している「若井産業」から発売しているディアウォール。市販されている２×４材を利用して、賃貸住宅でも、壁や床などに傷をつけずに、自分だけの柱を立てられる優れもの。
この柱を利用すれば、フックやネジなどで時計や額縁、カレンダーなども好きなように取りつけることができます。また、別売りの棚受け具を一緒に使うことで、簡単飾り棚なども作ることができます。
仕組みとしては、２×４材の上下にはめこむだけ。天井側にスプリングが入っているので突っ張り棒の要領と同じです。そこで、取りつけたい箇所の天井を押しても抜けたりしないかを確認することが大切です。

06 マイ柱で簡単飾り棚

コスト　時間　レベル

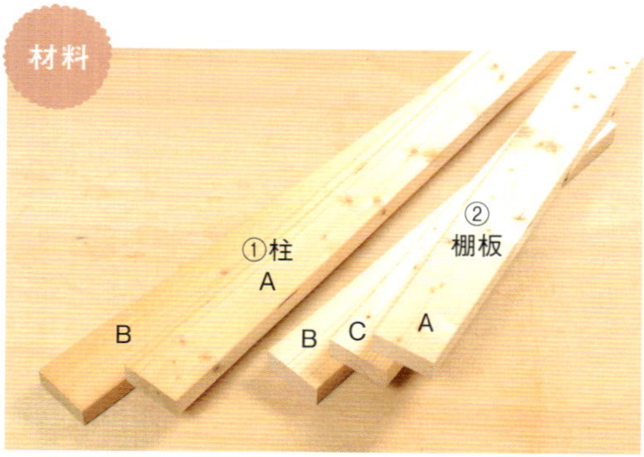

板：※２×４材①38×89×床～天井までの長さ－45mmを２本、②38×89×650mmを３本
（販売されているサイズでは2440mmや3050mmが最適）

ドライバー、四つ目キリ、ディアウォール上下セット２つ、ディアウォール棚受け左右セット３つ、ジェルカラーニスのパイン、ストッキング
※ジェルカラーニスはアサヒペンの塗料です。

ホームセンターでの売り場

木材▶木材・建築材　ドライバー・キリ▶工具　ディアウォール▶木材または金物　ジェルカラーニス▶塗料

下準備

●板はカットサービスを利用して指定サイズに切ってもらう。　※棚板の長さはお好みで。

●木口*や表面に軽く紙やすりをかけておく。

●設置したい場所の床から天井までの長さを測る。

→壁の目線の高さに目印をつけて、床から目印＋天井から目印までをそれぞれ測る。合計すると床から天井までの長さを測ることができる。

*木口：木材を横に切ったその断面。

How to make.
手　順

1

ニスを塗るための
ストッキングをまるめる

ストッキングの片足先を切り、その他を硬めにまるめて中に入れ、両側を結ぶ。

2　柱と棚板を塗る

ジェルカラーニスを塗る

何箇所かニスをたらして、まるめたストッキングで円を描くようにして伸ばして塗る。同様にすべての木材を塗る。

Point!

節の部分は、ストッキングでポンポンとたたくようにして染みこませましょう。

これなに？

ジェルカラーニス

塗料メーカーの「アサヒペン」から販売されているジェルカラーニス。
布やストッキングを丸めたもので、すり込んで仕上げるジェルタイプのカラーニスです。ボトルからそのまま出してすぐに塗ることができるので初心者が使いやすいタイプになっています。伸びがよく、ムラにならないので、きれいに仕上がります。
色味も、パイン・オークなどの茶色系から、ワインレッド・アイビーグリーン・ホワイト・ブラックまで幅広くあります。透明感のある、木目が見える仕上がりとなります。ただし作業中は換気を忘れずに。

3

棚板の位置を決めて しるしをつける

柱A・Bの棚を取りつけたい位置にしるしをつける。

Point!

棚受け具の上に棚板がくるので、しるしをつけるときは位置を注意しましょう。

4

棚受け具をとめる位置に 下穴をあける

棚受け具の穴の中心の位置にキリで下穴をあける。

※キリの使い方は63ページ

5

下穴をあけた箇所を ネジでとめる

付属のネジで棚受け具をとめる。

Point!

両方を8割程度深くしめてから、しるしからずれていないか確認しながら、最後にしっかりとしめること。

6

ディアウォールで設置させて 棚板にしるしをつける

棚板に棚受け具を取りつける位置にキリで下から垂直にしるしをつける。

設置方法は、スプリング内蔵側パッドを柱の上側に、もう片方のパッドを下側にかぶせます。そして、天井に押しつけながら下側を壁に沿うように移動させて完了。２本の柱の間に棚板を入れる間隔を忘れずに！

7

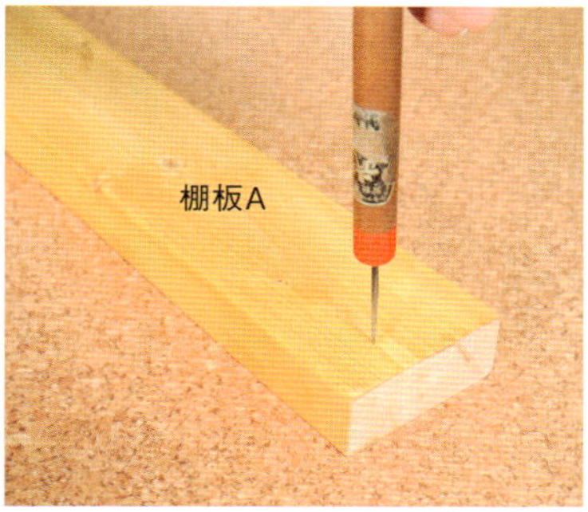

棚板にキリで下穴をあける

棚板を一度外して、ネジの下穴をあける。

8

下穴をあけた箇所を ネジでとめる

下穴をあけたら、また棚板を棚受け具に設置して、付属のネジでとめる。

Point!

棚板が浮かないように、上から押しつけながらとめましょう。

Completion!!

Point! 道具ポイント

四つ目キリ

木工に最適なのは四ツ目キリです。下穴をあけるときに大切なキリの使い方。
キリの先端を横からしるしの位置に合わせ、垂直に立てます。そして上からドン、と手の平でたたいて刺します。次に両手をこする要領で穴をあけます。キリをよく見ると、持ち手が下に向かって太くなっています。太さが違うことで、手もみがしやすい形になっているのです。
ポイントとしては、下に押しつけるようにすること。すると、こすり合わせると手はだんだんと下にいき、また上からこすり合わせることをくり返すとうまく穴があきます。下穴はネジの長さの7～8割の深さ分しっかりとあけましょう。

07 すのこ de ブックシェルフ

すのこはアイディア次第でさまざまに使うことができる優れもの！
すのこの形そのままに、裏返してちょっと手を加え、本や雑誌を飾れるブックシェルフにしました。
飾りたい雑誌やＣＤなどのサイズに合わせてお好みで作れます。

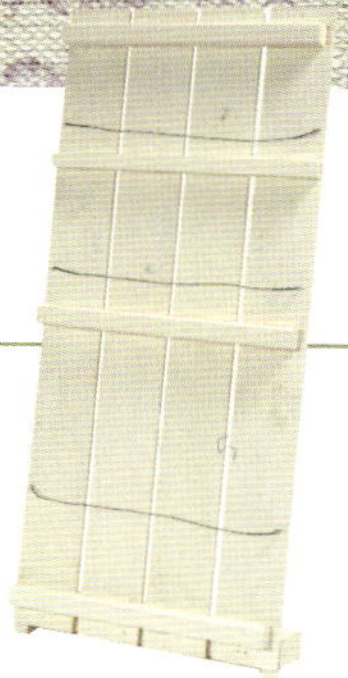

07 すのこ de ブックシェルフ

コスト　時間　レベル

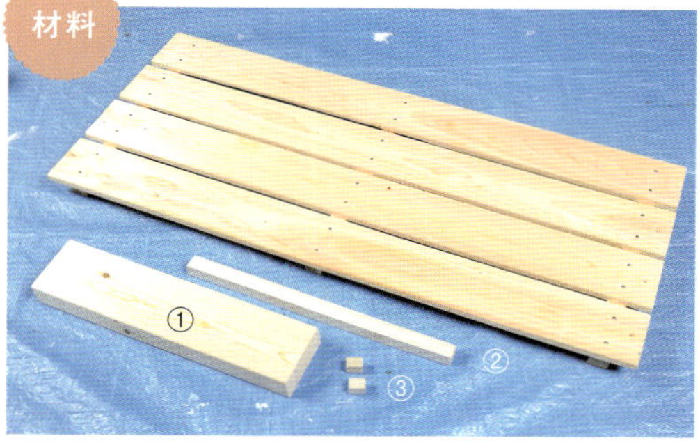

板：すのこ（４枚つなぎ370×850mm）１枚、※２×４材①38×89×370mm、※角材②20×20×370mm、※木片③15×15×20mm　２つ
■すのこのサイズ、材質はお好みでＯＫ。
■２×４材と角材の長さは使うすのこの幅に合わせる。

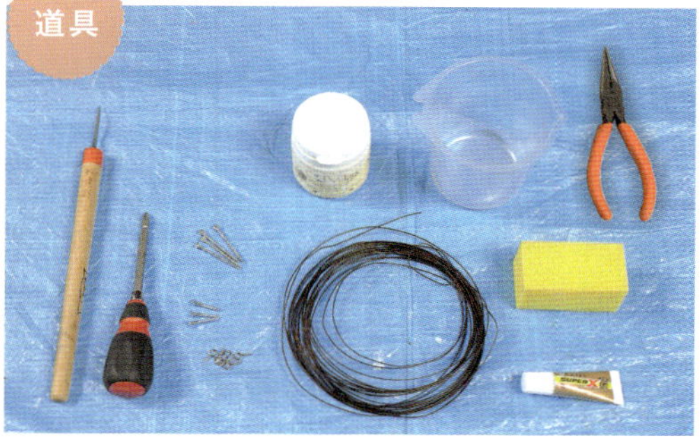

ドライバー、四つ目キリ、ラジオペンチ、スリムネジ４本（45mm）、木ネジ2本（25mm）、ワイヤー（直径2mmアルミ製）、ヒートン6つ（小さいサイズ）、多用途接着剤、水性塗料（ミルクペイントのホワイト）、スポンジ、塗料カップ
※ミルクペイントはオールドビレッジ社の塗料です。

ホームセンターでの売り場

木材▶木材・建築材　ドライバー・キリ・ラジオペンチ▶工具　ネジ・ワイヤー・ヒートン▶金物　多用途接着剤▶テープ・接着剤　塗料・塗料カップ・スポンジ▶塗料

下準備

- 角材はカットサービスを利用して指定サイズに切ってもらう。
- すのこのゲタの間の棚がほしい位置に、すのこのゲタと平行になるように角材を置きしるしをつける。

How to make.

手　順

1　棚をつくる

角材を仮どめする

すのこのゲタを利用して棚にする。棚を増やしたい位置に②の角材を両面テープで貼り、仮どめをする。

2

表から下穴をあける

ひっくり返して、②の角材をとめる両端2箇所にキリで下穴をあける。

※キリの使い方は63ページ

Point!

すのこの隙間から仮どめした角材の場所を確認しながら、下穴をあけましょう。角材の端の方だとネジが飛び出ることがあるので中央にしましょう。

3

ネジで角材をとめる

下穴の箇所に25mmの木ネジで②の角材の両端をとめる。

4　支えをつくる

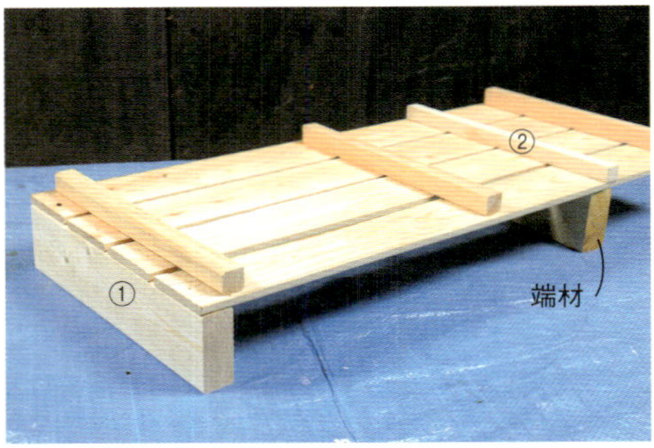

すのこに①をつける

ひっくり返して、①をすのこの下に合わせて立てて置き、ネジでとめる位置を確認する。

Point!

①を置いた反対側に端材または本などを置き、①と高さをそろえると、作業が安定します。

5

4箇所に下穴をあける

すのこの各板の中央あたりに下穴をあける。

Point!

堅くあけにくいので節がある場所はさけましょう。

先に左右の両端を8割程度の深さにしめてから、中心をしめます。そしてバランスを見ながら最後にしっかりとそれぞれをしめましょう。

6

ネジで固定させる

下穴をあけた4箇所をスリムネジでとめる。

7

③を角に貼る

③に多用途接着剤をつけ、立てたときに下にくるすのこの角に合わせて左右の両端2箇所にしっかりと貼る。

Point!

多用途接着剤は、つけてから5～10分おいてからしっかりと押しつけること。メーカーによって、貼るもののみにつけるタイプ、貼るものと貼られる場所の両方につけるタイプがあります。

8

色を塗る1

ビニール手袋をして、裏側や細かいところから塗装する。小筆などを使うと塗りやすい。

9

色を塗る2

細かいところが終わったら、スポンジを使い、木目に沿って広い面を塗る。ハケより初心者向けでおすすめ。裏表を塗る。

Point!

塗料が作業机などにくっつかないように、端材などを下に置いて、浮かせた状態で塗るといいですよ。

Point!
材料ポイント

「すのこ」の特性

すのこは、板と板の間に隙間があるので通気性がよく、湿気がこもりにくい特性があります。それを生かし、布団の下に敷いたり、押し入れに入れて使用します。加工がしてあるため、やすりをかける手間や角の面取りなどが省けます。そのままの状態で塗装をすることが可能です。
材質は杉やヒノキ、桐などがあります。お好みや予算に合わせて選びましょう。

10 落ち止めワイヤーをつける

ワイヤーをつけるヒートンの下穴をあける

塗料がしっかりと乾いたら、ワイヤーをつけたい位置を決める。その位置から内側に20mm入った箇所にワイヤー通しのためのヒートンの下穴をあける。

11

ヒートンをつける

下穴をあけた箇所にヒートンをねじってつける。

Point!

ワイヤーは落ち止めですが、飾る本などの出し入れが難しくならないように取りつけ位置に注意。今回はそれぞれの角材から、上段→30mm上、中断→50mm上、下段→120mm上にしてあります。

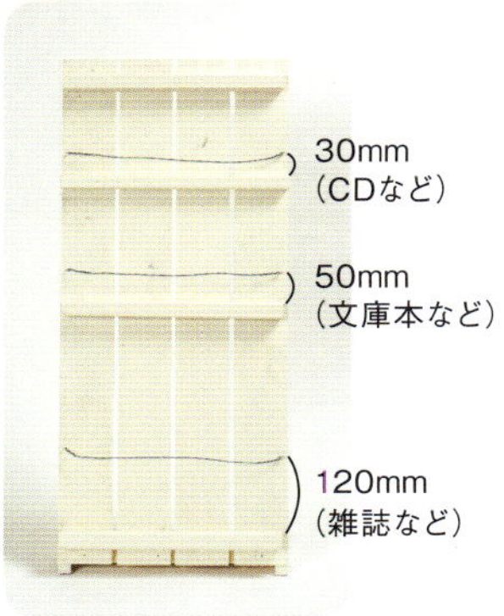

Point!
材料ポイント

ヒートンとは？

ネジの頭が輪のようになっているものをさします。ネジ側を壁や天井、板などに固定して、その輪にひもを通して物をつり下げたりして使われます。下穴をあけてからねじこむと、より入りやすくなります。写真のように穴にネジやドライバーを通してまわすと、力をかけずにねじこむことができます。
また、ドライバーセットの中に「ヒートンまわし」が入っているものもあります。この道具を、ヒートンにかぶせて使うと簡単にねじこむことができます。

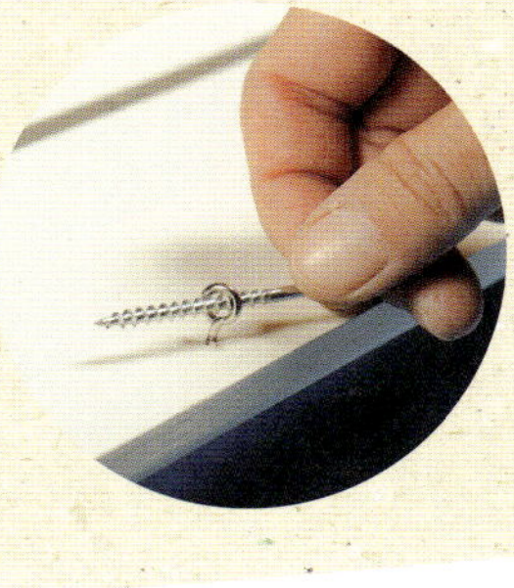

12

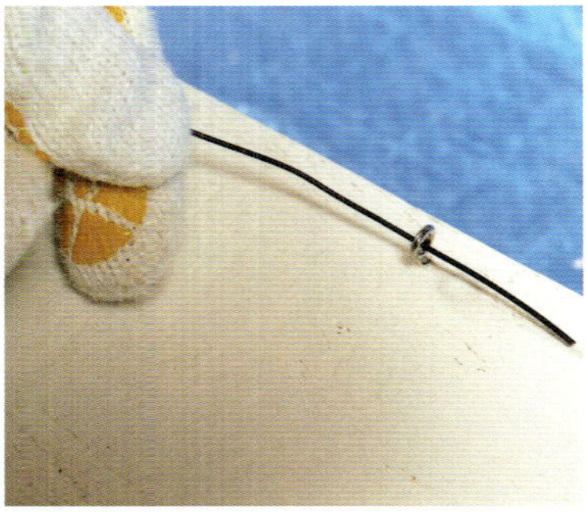

ワイヤーをねじる1

軍手をはめて、ヒートンにワイヤーを通し、少し折り返す。

13

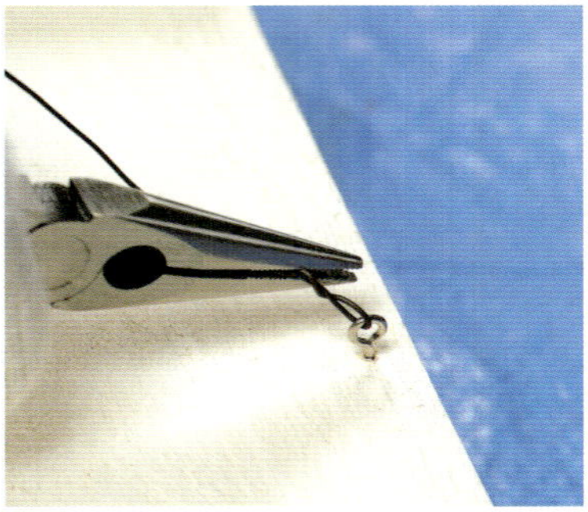

ワイヤーをねじる2

折り返した分をくるくるとねじる。端はとがって危ないので、ペンチの刃の部分で切って切り口を押しつぶす。

14

ワイヤーをねじる3

反対側も同様にし、ねじってから切る。

Point!

すのことワイヤーの間に手を入れ、多少たゆませてゆとりを持たせておくこと。ゆとりがあることで、本の出し入れがしやすくなります。

Completion !!

Column.6

飛鳥時代から親しまれている和紙にふれよう

和紙というと、どんなイメージでしょうか？　高そう、無地で柄や色味が少ない、どうやって使えばいいかわからない……などでしょうか。

和紙は繊維が長いため、洋紙（普段、目にする紙）よりもはるかに寿命が長く、古代の書物もそのまま現存していることで有名です。他にも日本画用紙、工芸品、家具にも使われていました。

そんな和紙はいろいろな種類が豊富。桜の花びらが挟んであるもの、木くずが入っているもの、原料であるコウゾの繊維をあえて残したままのもの、きらびやかな絵巻物のような柄のもの。色も白だけではなく、ピンク、若草、紫、赤などとてもカラフル。お値段も安いものから、ちょっとした高さのものまであります。サイズは600×900mmで売られています。

お菓子の空き箱やお盆などに和紙をちぎって貼り合わせたり、折ってブックカバーにしたり、形を作ってランプシェードにしたりと、和風な小物に変身します。和紙をちぎるときは、はさみではなく、手でちぎります。そうすることで和紙の繊維の毛足が出て、これらが隣の和紙となじみぴったりとくっつきます。手でちぎるときも、切りたい場所に水をつけてから切ると、さらにちぎりやすくなります。貼るときは障子のりを使います。

最近では、和紙のやわらかさとぬくもりを生かして、ミシンで縫って加工したカバン、スリッパなども発売されています。

古代飛鳥時代から続く、和紙の歴史。まずはその手触りに、実際にふれてみてはいかがでしょうか。

08 サイドテーブル

イスやベッドの傍らに、ちょうどいいサイズのテーブル。読みかけの本やメガネ、飲み物などを置くことができます。丸い天板は取りはずしができ、脚もたためるので、コンパクトになります。

A

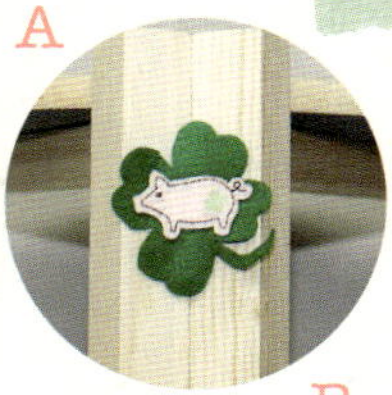

B

C

D

いろいろアレンジ —脚をとめるアレンジ—

A フェルト

フェルトをお好みの形に切って、裏に面ファスナーを貼るだけ。その上にワッペンをつけてもいいでしょう。フェルトは厚みがあり、切り口もきれいなので、切ってそのままでOK。

B ワッペン

市販のワッペンを使います。5×5cmサイズのものが最適。裏に面ファスナーをつけます。アイロン接着用でも大丈夫です。

C マスコット

多少の厚みのあるマスコットも使えます。こちらも5×5cmサイズが最適。裏の平面の箇所に面ファスナーをつけます。凸凹した面のものだと、つきにくくなります。

D オーナメント

つり下げて使うオーナメントも、レースや布素材であればOK。つり下げ用のひもを外して、裏に面ファスナーをつけます。紙素材は破れることがあるので避けましょう。

※42ページのパーテーションに使う丁番を面ファスナーの代わりに使い、脚をとめると、しっかりとした作りになります。

いろいろアレンジ —天板アレンジ—

天板はお好みで入れ替えられます。クギやネジなどで固定していない構造なので、気分や部屋の雰囲気に合わせて天板の色の面を変えてみましょう。今回のように各天板の片面のみに色を塗った場合でも7通りのアレンジができます。お好みで、天板の両面に色を塗ればさらに多くのアレンジができるようになります。

08 サイドテーブル

コスト　時間　レベル

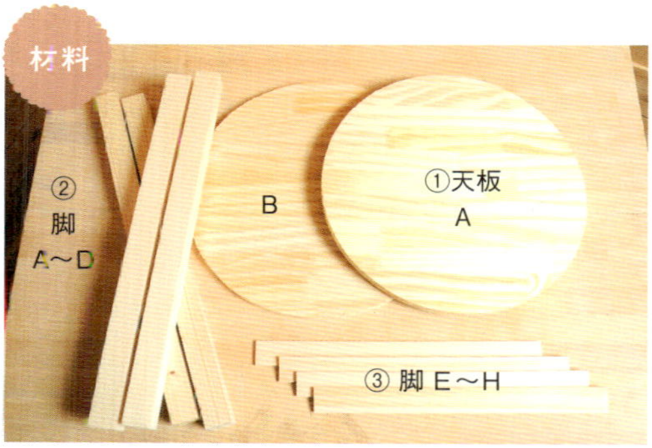

板：※パイン集成材①直径330mmの丸い天板*を2枚、
※ホワイトウッド②30×30×450mmを4本、
※ひのき材③5×30×330mmを4本

木工用速乾接着剤、紙やすり（180番）、粘着シート付き面ファスナー 20×40mmを6枚、水性屋内外用塗料（カントリーライフカラーのターコイズとパステルピンク）、水性ツヤ消しニス、塗料カップ、ハケ(70mm)、ウエス*（厚手のペーパーでも代用可）、脚を固定させる飾り（布シール、端布、フェルトなどお好み）
※カントリーライフカラーはカンペハピオの塗料です。

ホームセンターでの売り場

木材▶木材・建築材　紙やすり▶工具　塗料・ニス・ハケ・塗料カップ▶塗料　木工用接着剤▶テープ・接着剤　面ファスナー▶梱包用品またはテープ・接着剤

下準備

● 木材はカットサービスを利用して指定サイズに切ってもらう。木取り図は93ページ。

＊天板：上面にくる板。
＊ウエス：布のこと。古着のTシャツなどが最適。

How to make.

手　順

1 脚をつくる

脚にしるしをつける 1（下側）

脚A～Dを縦に４本並べて、脚E・Fを横に２本並べた位置に一度にA～Dに線を引く。

2

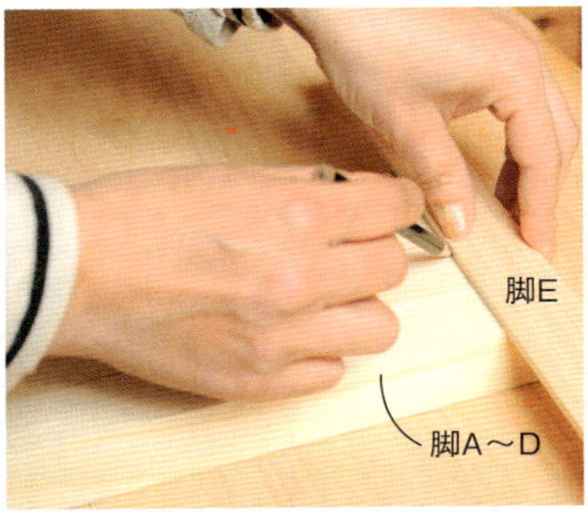

脚にしるしをつける 2（上側）

手順1で、しるしをつけた逆の端に脚Eを横に１本置いた位置にしるしをつける。

Point! 道具ポイント　しるしつけ

木材にしるしをつけるときには、濃いBや2Bなどの鉛筆でうすくつけることが簡単で便利です。また水で消せるチャコペンなどでもOK。濃い色味で塗装をする場合は、多少の鉛筆あとが残っていても大丈夫。クリアや、うすい色味の場合は、塗装前にしるし部分をやすりがけすることでうすく目立たなくすることができますよ。ボールペン、サインペンなどでつけてしまうと、消せない上に目立ってしまいます。

１つの作品に使う板は意外と枚数があります。複雑なものになればなるほど、パーツは増えていきます。どことどこをくっつけるのか途中でわからなくなることも。そんなときには、ペアごとに鉛筆でマークしてもよし、シールやマスキングテープを貼るのもよし。わかりやすいようにしるしをつけておくと、混乱を防げます。

3

接着剤をつける 1

脚Eの端から30mm分に接着剤をつける。

Point!

もう1本の脚Fの端とこすり合わせることで自動的に30mmの位置に接着剤を2本ともつけることができます。

4

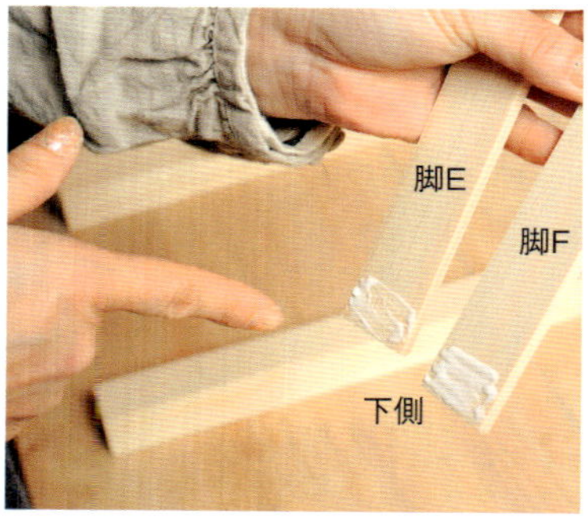

接着剤をつける 2

手順3で接着剤をつけた脚EとFの下側には、指1本分の範囲に接着剤をつける。

5

脚をつくる 1

脚A・Bをタテにおき、脚E・Fを直角に貼る。まず、右側の脚Aに手順1・2でつけたしるしの内側に脚E・Fをつける。各右端はぴったりと揃える。

6

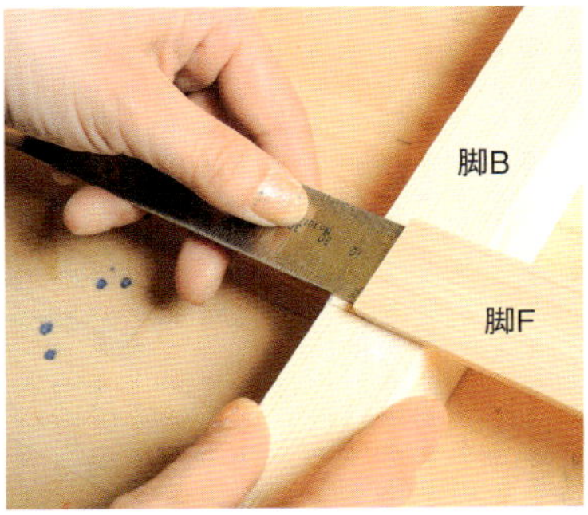

脚をつくる 2

左側にくる脚Bに手順1・2でつけたしるしの内側に脚E・Fをつける。ただし、脚Bの左端は10mm内側になるようにする。

7

脚をつくる 3

同様にもう一組脚をつくって、先ほどと左右対称になるように貼りつける。外側の脚は端にぴったりと、内側の脚は10mm端からずらしてつける。

Point!

脚をくの字に組み合わせたときに重ならないように、中央にくる脚EからHの端は10mm隙間をあけています。

8 天板をつくる

天板にやすりがけする

丸い天板2枚の角の面取り*をし、表面にもやすりをかけてなめらかに。

Point!

丸い天板にやすりをかける場合は、作業机からはみ出してかけるとかけやすいです。

ウエスで塗ると簡単。ビニール手袋をして、塗料を拭き取る要領で手早く伸ばしましょう。木目に沿って、ゴシゴシと塗ります。ハケと違って、木目がよく見えるくらいのうすさで塗れます。ただしムラになりやすいので注意。

9

天板に塗料を塗り、乾かす

表面にウエスを使って塗る。1枚はターコイズブルー、もう1枚はパステルピンクで。両方とも片側のみ塗装する。

＊面取り：木材の角にやすりをかけて、角に丸みをつけること。

10

脚にやすりをかける

手順5～7でつけた脚の接着剤が乾いたら、2つの脚全体にやすりをかける。脚の角などは念入りに。

11

脚にニスを塗る

脚にニスを塗る。ニスを塗った木に触る場合はビニール手袋をすること。

12

天板にもニスを塗る

手順9で塗った塗料が乾いてから、脚と同様に、天板の塗装した表と裏にニスを塗る。

13 組み立てる

脚に面ファスナーをつける

ニスが乾いたら、脚BとCの角を合わせてくの字になるように立たせる。このとき、脚EからHをつけた面は内側にくるようにする。上・中・下の適度な位置に面ファスナーのオスをつける。

14

布シールに面ファスナーをつける

飾りの布シールに面ファスナーのメスをつける。はみ出さないサイズに切ること。

15

脚を固定させる

脚と、飾りの布シールの面ファスナー同士を貼り合わせて、脚を固定させる。

16

Point!

クギやネジを使わないので、しっかりとはめ込んでください。

天板を乗せる

脚をくの字に広げて、天板を上下に乗せ、固定させる。
※天板の塗装面は上下自由に変える。

Completion!!

今回は水性ツヤ消しニスを使いましたが、水性ウレタンニスを使うと、表面の保護力がより増した仕上がりになります。

これなに？

面ファスナー

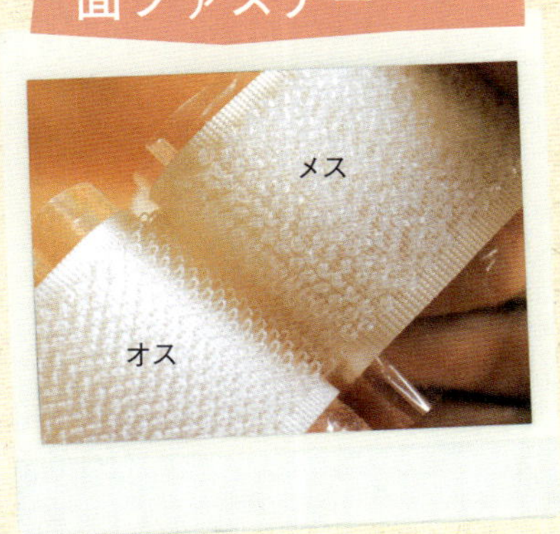

マジックテープのこと。マジックテープは商品名にあたるので、ホームセンターの売り場ではこの品名で表示されていることも。梱包用品やテープ類の近くの売り場に、または、手芸コーナーなどに置いてあります。
オス・メスがあり貼りつける際に注意が必要です。カギフックのような形をしていて触ってみてやや固い方がオス。逆にループ状になっていてやわらかい方がメス。オス同士、メス同士ではつけることができません。

09 女優スタンドミラー

ライトがついて気分は女優な鏡です。5つのライトがついているので、明るく見やすく照らしてくれます。細かなアイメイクのときなどに便利！　土台があるので自立することができます。洗面所でも、机の上でもコンセントがあれば大丈夫。

09 女優スタンドミラー

コスト　時間　レベル

材料

板：※シナ合板①9×300×450mm、
※2×4材②38×89×300mm

道具

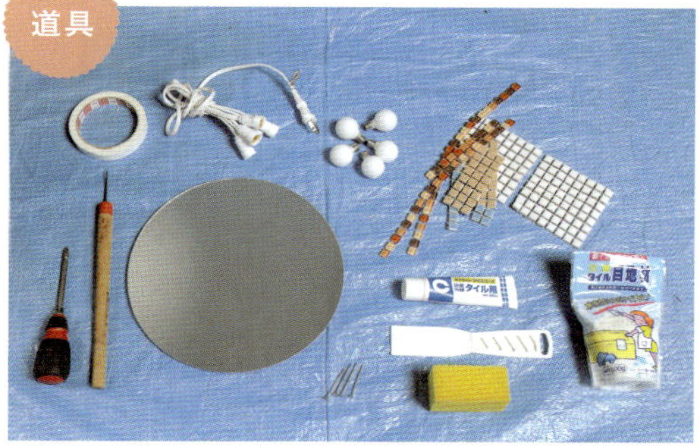

ドライバー、四つ目キリ、スリムネジ6本（45mm）、ゴム手袋、ヘラ、スポンジ、マスキングテープ、両面テープ（多用途）、厚手のポリ袋、モザイクタイル5シート（10mm角のシートタイプ）、飾り用のガラスモザイク5シート（10mm角のシートタイプ）、タイル用目地材、タイル用接着剤、直径255mmアクリルの鏡（両面テープがついたタイプ）、5wの口金E12のソケット付きコード（5球）、電球5つ（5wの口金E12）

ホームセンターでの売り場

木材▶木材・建築材　ドライバー・キリ▶工具　モザイクタイル・ガラスタイル・目地材▶建築材
ネジ▶金物　鏡▶バス用品　ソケット付きコード・電球▶電材

下準備

- 5つの穴あけの位置決めをして、カットサービスを利用しシナ合板に直径18㎜の穴あけをあけてもらう。木取り図は92ページ。
- カットサービスを利用して、2×4材をシナ合板の幅に合わせて切ってもらう。

How to make.
手　順

1　土台をタイルで飾る

タイルを並べる

②の表面、手前、左右にシートタイプのモザイクタイルを並べて完成予想図をイメージする。

並べ終えたら、タイルを裏返して木から外しておくと貼るときに便利。

2

必ずゴム手袋をしてから作業をしてください。手が荒れることがあります。

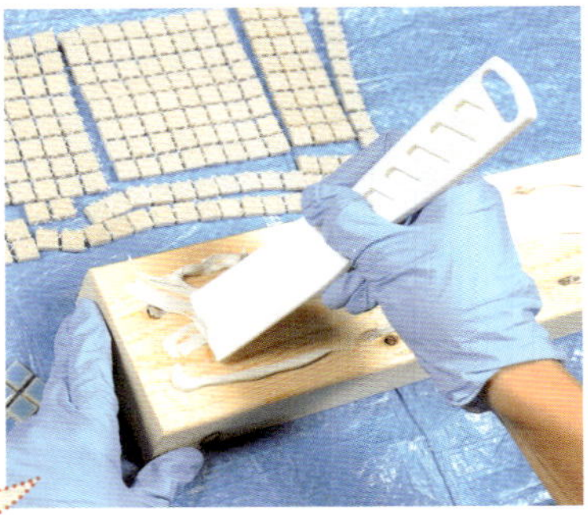

接着剤をつけ、伸ばす

②にタイル用接着剤をつけて、ヘラなどでうすく塗り広げる。

3

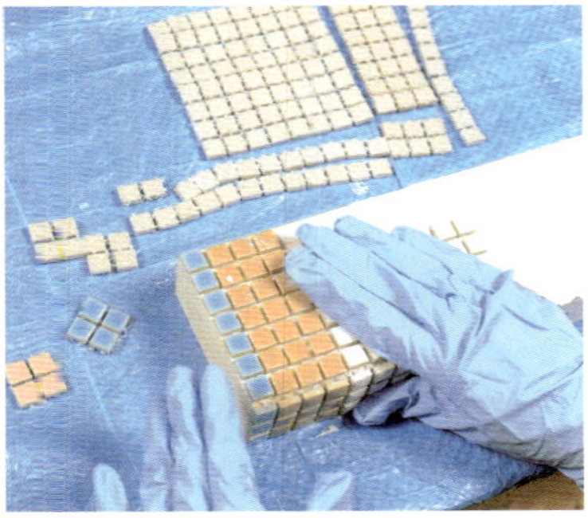

タイルを貼る

表面→手前→左右の脇の順にタイルを力強く押しながら貼る。

Point!

10mm角のモザイクタイルのシートタイプは、目地*が均一になっていて網に貼られています。網に貼ったままタイル用接着剤で貼ります。

*目地：タイルとタイルの間に、目地材が入るように少し間隔をあけた隙間・継ぎ目の部分。

4

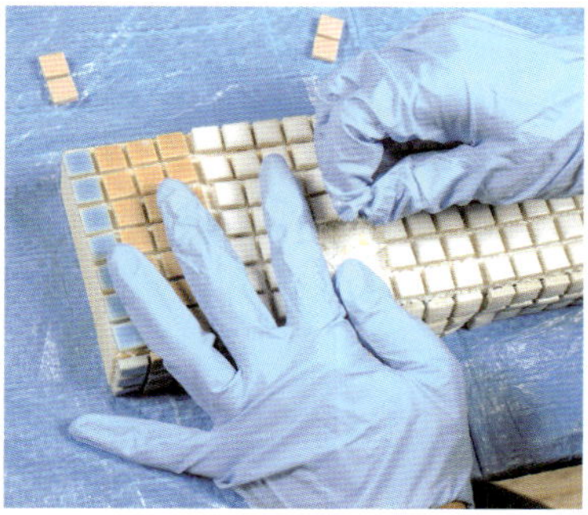

模様部分ははがして貼る

模様を入れたい部分は、そのタイルだけ指やマイナスドライバーでシートからはがす。空いたところに模様用のタイルをタイル用接着剤で貼る。

5

乾燥させる

接着剤の説明書の指示の時間分、乾燥させる。

Point!
材料ポイント

モザイクタイル

モザイクタイルの材質は陶器質・ガラスなどがあります。バラになっているもの、目地材を入れる隙間を均一にあけてシートに貼られたものもあります。
基本的にはタイル用接着剤でタイルを貼り、隙間を目地材で埋めて仕上げます。ただし、飾りとして1枚だけ貼る場合などには目地材で埋めずに、タイル用接着剤のみでＯＫ。
注意する点としては、目地材のついた道具を水道で洗うと水道管の中でそれらが固まり、詰まりの原因となるので、絶対に流さないようにしましょう。新聞紙などに水分を吸わせてから捨てます。大量の目地材は普通のゴミとして捨てることはできないので余らないように少しずつ作るなど注意しましょう。
ちょっとしたアクセントに貼るとかわいいタイルですが、タイル＋目地材は重さがあるので、全体的に重くなるのを頭に入れておきましょう。

6 本体と土台をつける

①と②をとめる1

タイルが乾いたら、②の厚み部分に両端と中心に2箇所づつ、計6箇所キリで下穴を開ける。
※キリの使い方は63ページ

7

①と②をとめる2

下穴を開けた箇所をネジでとめる。

Point!

両端→中心の順で。両端を先に8割程度の深さまでしめてから、中心を最後までしっかりとしめます。

Point!
道具ポイント

便利なポリ袋

作業に何かと便利なポリ袋。
厚手のポリ袋は、目地材を作ったあと、さらに絞り出すこともできます。
また、使い捨ての塗料カップにポリ袋をかぶせて、そこに塗料を入れて使います。カップは汚れず、ポリ袋を取り出せばすぐに再度使うことができます。塗料を捨てるときにも口を結ぶことで手を汚しません。塗料を出し過ぎて多めに余った場合は、とりあえずの一時的な保管をすることもできます。ただし、そのまま長く放置せずに使うようにしましょう。

8 タイルの仕上げをする

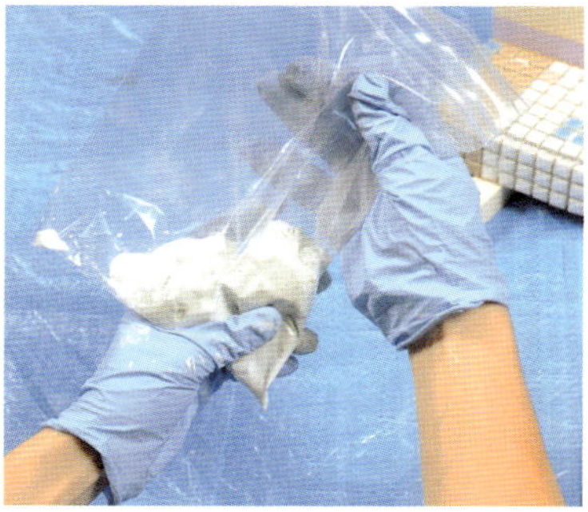

目地材をつくる

ゴム手袋をして厚手ポリ袋に目地材と水を入れ、よくもんで耳たぶぐらいの硬さに混ぜる。目地材と水は様子を見ながら足していく。

Point!

早くに準備をすると乾燥してしまうので注意。

目地材はポリ袋の端を切り落として、生クリームを絞り出す要領で。

9

目地に目地材を入れる

①の板に目地材がつかないように、境目はマスキングテープをしてから、手早く目地材を入れていく。目地材が作業机につかないように土台の下に端材などをおき、少し浮かす。

10

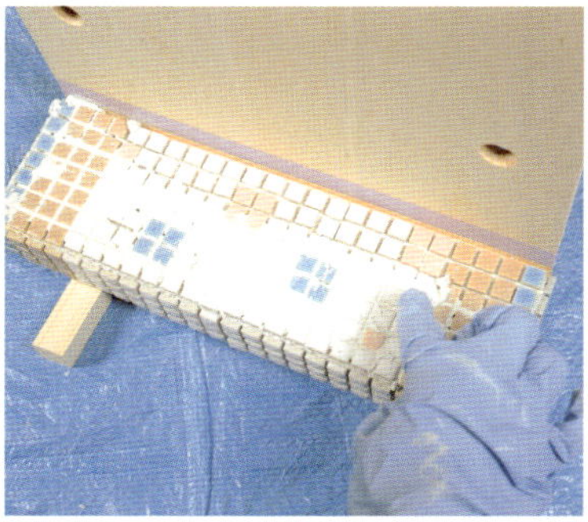

目地材をならす

絞り出した目地材を指で目地に押し込む。隙間を埋めるようにまんべんなく。

11

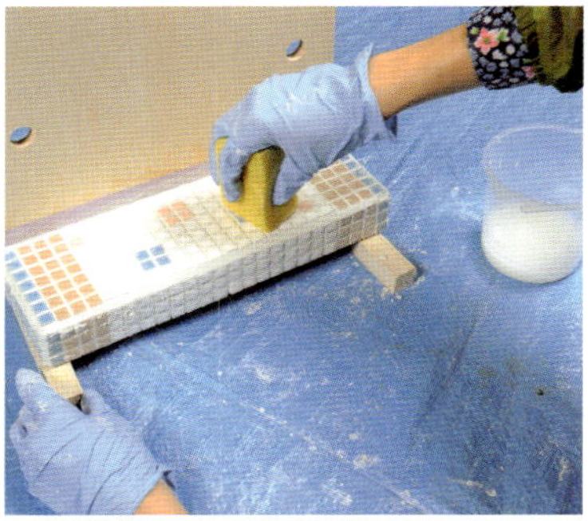

余分な目地材を拭きとる

水を含ませて固く絞ったスポンジで、余分な目地材を拭きとる。

スポンジを洗った容器の水は新聞紙に吸わせてからゴミとして捨ててください。そのまま下水に流すと目地材が水道管の中で固まってしまいます。

12

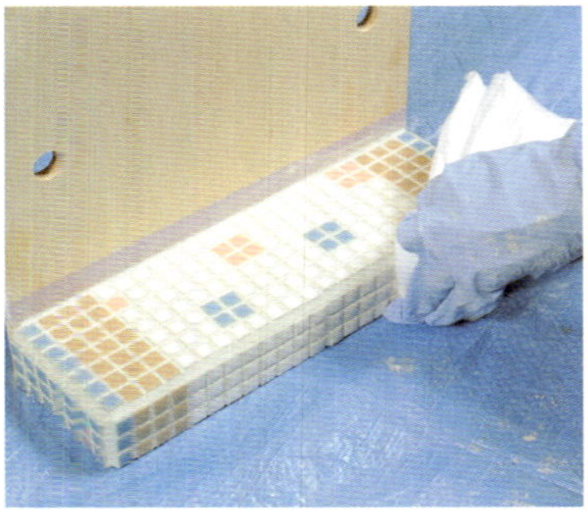

乾いた布で拭きとる

乾燥途中の半乾きの状態で、乾いた布でタイルについた目地材を拭きとる。このときにマスキングテープもはずす。

Point!

半乾きの状態の見分け方は説明書の指示に従ってください。触っても目地材が手につかない程度が目安。

13

縁にガラスタイルを貼る

①の左右と上の縁に両面テープを貼り、ガラスタイルを貼る。

14 電球をはめる

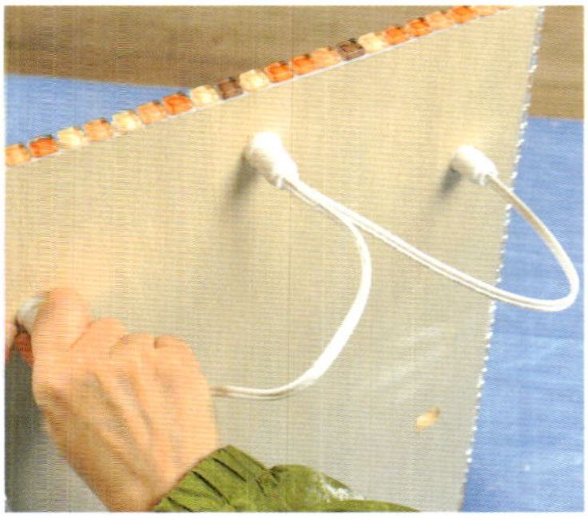

ソケットを穴にはめ込む

ソケットを裏から穴にはめ込む。

Point!

ソケットが穴からゆるんではずれてしまうときは、多用途接着剤で固定させてください。

15

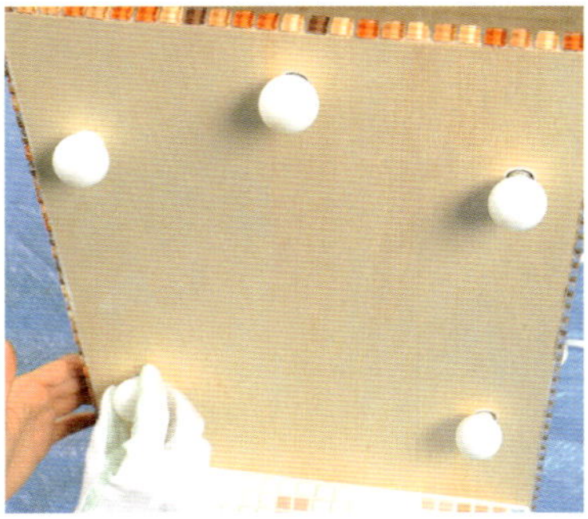

電球を取りつける

ソケットを５箇所にはめ込んだら、電球を取りつける。

電球を取りつけるときには念のため手袋を。こうすることで電球に手の脂がつくことを防ぎます。

16

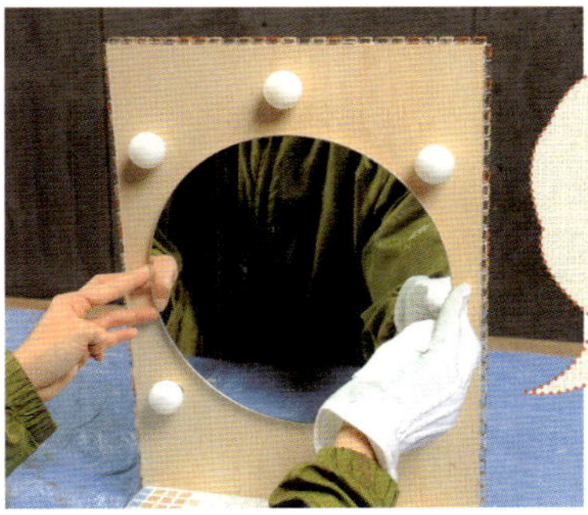

Point!

強力な両面テープなので、一発勝負。裏の両面テープの紙をはがす前におおよその見当はつけておきましょう。

鏡を貼る

裏の両面テープで、電球とのバランスを見ながら①に貼る。

裏のコードが邪魔だったら……

コードが邪魔であれば、金具でまとめてしまいましょう。両面テープがついているコード止めフックで、まとめてしまえばOK。

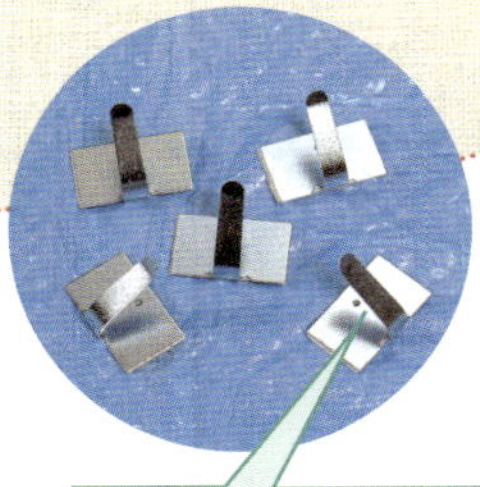

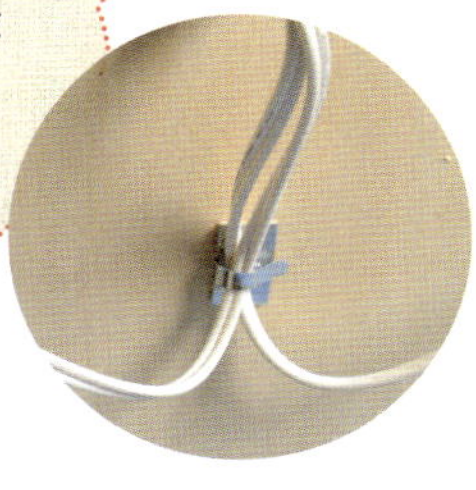

フックの先端はやわらかい素材なので、手で曲げて固定できます。

知っていると便利なプチ情報

DIYをするときに知っていると便利な情報、ホームセンターに売っているお役立ち商品などを、先生がこっそり教えちゃいます！

キャリーが便利！

ホームセンターで買うものは、重かったり、かさばったりするものが多いです。そんなときに便利なのが、キャリー。多少の重さがあっても、転がしていけばあまり重さは感じません。ホームセンターへは荷物や交通の面から車で行くことが便利なのですが、電車で行く場合には荷物の持ち帰りを考えて、キャリーを利用してみては?

素手は手袋にも勝る

素手の感覚は繊細なのでとても大切。作業中は素手で行うと木やクギ・ネジの微妙なでっぱりやがたつきなども気がつくことができます。軍手をはめると電動工具での巻き込みのおそれや、滑ることがあるので危険です。ただし木材など持ち運ぶときなどは、ささくれやトゲから手を守ることができます。塗装やタイルの目地材の作業のときはゴム手袋をはめて作業を行いましょう。

塗装以外の作業で手荒れが気になる人は作業用手袋がおすすめ。ぴったりとしたサイズで滑りにくいものが便利です。

"養生"が大事

養生とは作業中にまわりが汚れたり、傷ついたりするのをシートやテープなどで防ぐことをさします。ちょっとしたことで傷や汚れはついてしまうもの。賃貸住宅で作業をする場合はなおさら注意！　床や壁を傷つけないこと、近隣への騒音、臭いに気をつけることなど注意が必要です。

「養生シート」「養生テープ」などが売られているのでそれらを使うのもおすすめです。カラーボックスなどの組み立て家具を組み立てるときには、それらが入っていた段ボールを分解して広げて養生シートにすると手軽。

板の厚み分が重要！

箱に棚を作るときに初心者がよくやる失敗として、切って用意した棚板を入れようとすると入らない！　というもの。外枠と同じサイズにして、側板（左右の側面の板）の「板の厚み」を計算していなかったのが原因です。板全体の外枠（外寸）と厚さ分を引いた内枠（内寸）があることを理解しておきましょう。

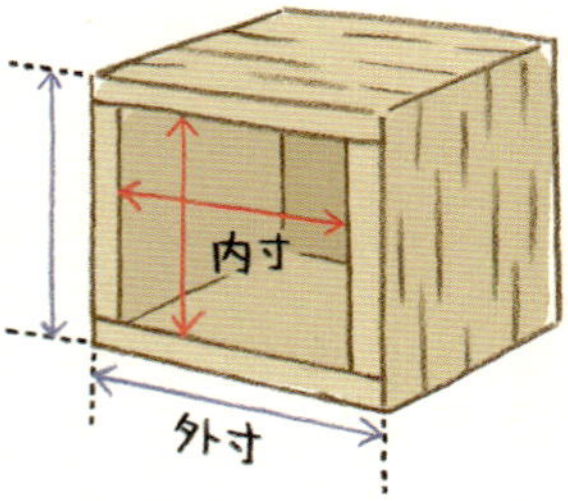

また「この隙間にぴったりな棚を作りたい」ときなどにも、この外枠と内枠が重要になってきます。

端材は大いに役立ちます！

カットサービスや作業中などに出た木材の端材はすごく便利。クギ打ちの支えにしたり、試し打ちにしたり。おすすめは紙やすりを巻くこと！　端材に紙やすりを巻いたものでやすりがけをすると、均一にムラなく仕上げることができます。かまぼこ板でも応用できますよ。

ホームセンターの店舗によっては、端材を格安の値段で売っているところもあります。

木材についている バーコードシールの取り方

ホームセンターなどで買ってきた木材にはバーコードシールがついていて、それらをはがすのが意外に大変。ツメではがそうにも粘着力が強い場合があります。一般的にシールをはがすときは、暖めるのがポイント。ドライヤーやアイロンを当てると簡単にはがれます。ただドライヤーなどが面倒な場合は、カッターの刃ではない部分ではがす方法もあります。
またはがしたあとに粘着部分だけ残ってしまったら消しゴムで落とす方法も。

何かと便利な マスキングテープ

塗装の際に、塗りたくない箇所に塗装しないように保護する紙素材のテープ。幅もさまざまあるので使いやすいものを選んでください。塗装のとき以外にも、下穴を開けるガイドラインや、接着剤を固定して乾燥させる補助にも使用できます。使い終わったらなるべくすぐにはがしましょう。
最近は、おしゃれ文房具として、カラフルな柄のものが出ています。

防水スプレーで雨・汚れ防止

新品のカバンをおろしたとき、急に雨に降られて洋服にカバンの色移りが起こったことありませんか？　あらかじめ防水スプレーをすることで雨など水をはじいたり、汚れがつきにくく、未然に防ぐことができます。スプレーを吹きかけるときには臭いがこもるので、ベランダや外で行いましょう。
また、傘の水はじきが悪くなったと感じたら、表面の水分と汚れを乾いた布で拭き取ってから、スプレーをしましょう。新品のような水はじきがよみがえります。

シリコンスプレーって何？

潤滑剤の1つ。KURE556が一般的ですが、シリコンスプレーもあります。スプレーをすることで、素材の表面にシリコンの被膜を形成し、滑りやすくします。敷居やタンスの引き出し、サッシ、ファスナーなどにも幅広く使えます。
また、ほこり汚れがつきにくくなる効果もあります。ただし白木にスプレーするとシミになるので注意。事前に目立たないところで試してから使用してください。

クギとネジどっちを使う？

ネジよりクギの方が簡単にできそうと思いがちです。
クギは打っているときに曲がったり、クギを手で支えながら打つのでヒヤヒヤしますが、しっかりとキリで下穴をあけておくと支えがなくても、まっすぐに立ちます。まっすぐなクギを打ち込んでいるだけなので、実は単独だと強度がそこまで強くないなど失敗がしやすいもの。(ただし、木工用接着剤を併用して使うと強度アップ)
その点、ネジはスクリューのような構造になっているのでねじ込むと抜けにくくなります。さらにドライバーをまわすだけなのでねじ込む作業のときの音が、カナヅチで打つクギと違って静かな点が利点としてあげられます。

手工具は安くてもＯＫ

手工具はカナヅチ、ノコギリ、キリ、ドライバーなど手で使う道具のこと。手工具は使う人の器量にもよるので値段が高価ではなくても大丈夫。
電動工具の方が、力をかけず、さらに時間短縮もできますが音が気になります。その点、手工具は、力や時間がかかりますが、音は小さくすませることができます。手工具か電動工具かは双方の利点・欠点を踏まえて選んでみてくださいね。

ドライバーセットは買うべし！

メーカーによってさまざまですが、基本的に5〜6本程度入っています。プラス、マイナスドライバーの他にも力が入りやすい差し込んで使う太い持ち手、穴あけのキリなどがセットになっているタイプもあります。組み立て家具を作るとき、ネジがゆるんできた家具などにはドライバーセットが一家にひとつあると便利です。一人暮らしをはじめるときなど、買ってみてはいかがでしょうか?

ドライバーにもいろいろ種類があります

ドライバーにもいろいろ種類があります
一番よく使うのはプラスドライバーの2番。2番で大きすぎるネジの場合は、1番を使います。
ドライバーが何番なのかは、2×○○など刃の軸の長さと一緒に表示してあったり、握る部分にNo 2などと表示してあります。ドライバーとネジが合っていれば、ネジをはめたままでネジのついている方を下に向けても落ちることはありません。ネジに合ったドライバーを使いましょう。

電動ドリルが便利！

一見、難しそうな電動工具ですが、実は意外と簡単に使いこなすことができるおすすめがあります。それは「電動ドリル」。ネジを締めたり、穴を開けたりするときに使います。組み立て家具を組み立てるときにも便利です。
電動工具はドリルドライバーの他にもさまざまにあります。ジグソーと呼ばれる電動ノコギリ。手工具ノコギリと違い、曲線に切ったり、形をくり抜いたりすることができます。
電動工具はプロ用のものから、DIY用のものまでさまざまあります。女性でも簡単に扱える小型のものも出ているので、用途によって選びます。初めて購入するときは売り場の店員さんに相談してみましょう。実際に手に持って重さ・握りやすさを確認して、好みのものを探しましょう。

Column.7

木材ってなにがあるの？

木材売り場に行くと、似たような木材がずらり……。基本的に木目がきれいで、加工しやすいものばかりですが、各木材の特徴を少し知っておくと選ぶときに便利です。また、その他にも集成材、合板と呼ばれるものもあります。

※本書で使う木材には作品名を明記してあります。

ひのき材　(サイドテーブル)

木目がはっきりしていて、香り、耐久性、耐水性に優れています。国内での最優良ランクに選ばれていますが、高価。

ホワイトウッド　(A字脚の飾り棚、パーテーション、サイドテーブル)

北欧で採れる白木の総称。全体的に白っぽい色合いをしています。乾燥による収縮も少なく、加工がしやすいです。値段も手頃。

パイン材

木目模様がきれいで、加工がしやすくインテリア家具向きとされています。年月とともに風合いが増すので家具の材料として人気。

スギ材

国産材の代表。軽くて扱いやすい木材。独特の木目と節、香りがあります。

ラワン材

東南アジア原産のフタバガキ科の木。ラワンという木はなく、総称として使われています。軟らかく、軽いので加工がしやすいです。合板としてよく使われています。

SPF材

トウヒ属のスプルース、マツ属のパイン、モミ属のファーの頭文字をとった木材の総称。白っぽくインテリアに馴染みやすい色合い。加工しやすく初心者向きで値段も手頃。

集成材　(サイドテーブル、スパイスラック)

乾燥させた木材を小さい木片状にして、繊維方向に重ねて合成樹脂で板状に接着した板材。木材特有の変型や割れが少なく、安定した品質が保てます。パインや桐が主流です。

合板

うすく切った板を、3枚以上の奇数枚重ねて接着剤で貼り合わせた板。ベニヤと呼ばれています。安定した強度があり、値段は手頃。風合いに欠けるため背板として利用されることが多いです。

シナ合板　(女優スタンドミラー)

合板の表面にシナ材を貼ったもの。きめが細かいので塗料を塗っても仕上がりがきれいです。シナは割り箸の原材料として有名。

化粧合板　(スパイスラック)

合板の表面に塗料を塗ったり、きれいな木目をプリントしたり、天然銘木のうすい板を貼るなどして、きれいに加工処理したもの。

2×4材　(すのこdeブックシェルフ、女優スタンドミラー、マイ柱棚)

38×89mmの断面に加工された木材。ツーバイフォーと呼びます。材質はSPF材が主流。この他のサイズとして2×8、1×4、1×8、1×10などもあります。

1×10材　(カスタマイズBOX)

2×4材の一種。19×235mmの断面に加工された木材。ワンバイテンと呼びます。SPF材が主流。長さは910mmや1820mmなどがあります。

主な作品の木取り図

カットサービスを頼む際には木取り図が必要なことは23ページのコラムで解説しましたが、本書に掲載している主な作品の木取り図をご紹介します。単位はmmで統一してあります。木取り図を書くときには、切る機械の刃の厚み3mmを考えて図を配置しましょう。ギリギリの寸法で書きこむと、刃の厚み分足りなくなることがあります。

※こちらでご紹介していない作品の「パーテーション」「カスタマイズBOX」「マイ柱の棚」「すのこdeブックシェルフ」に関しては、長さに合わせてカットをお願いするため、省略いたしました。

女優スタンドミラー▶手順は81ページ

※穴の直径は18mm。

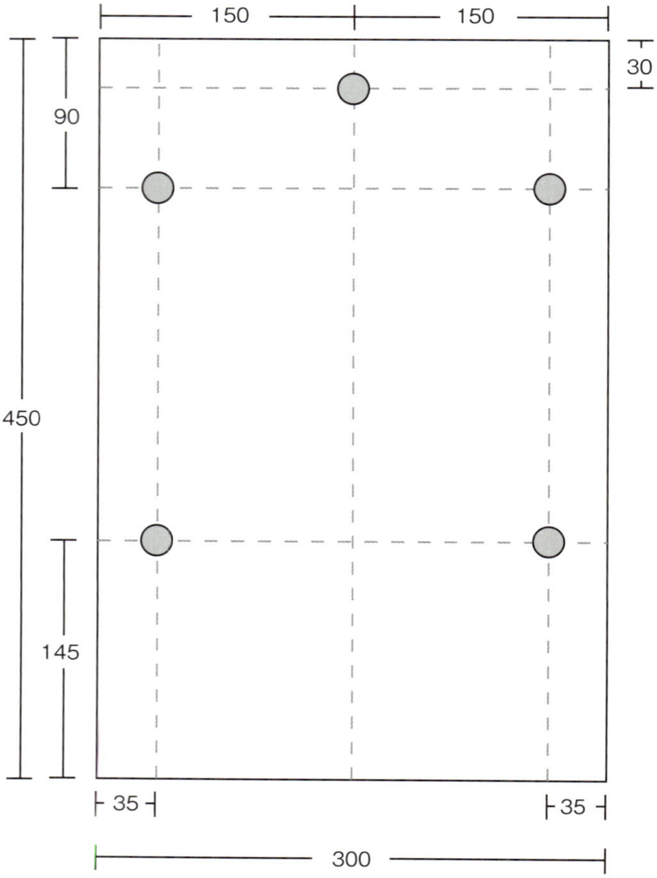

スパイスラック▶手順は17ページ

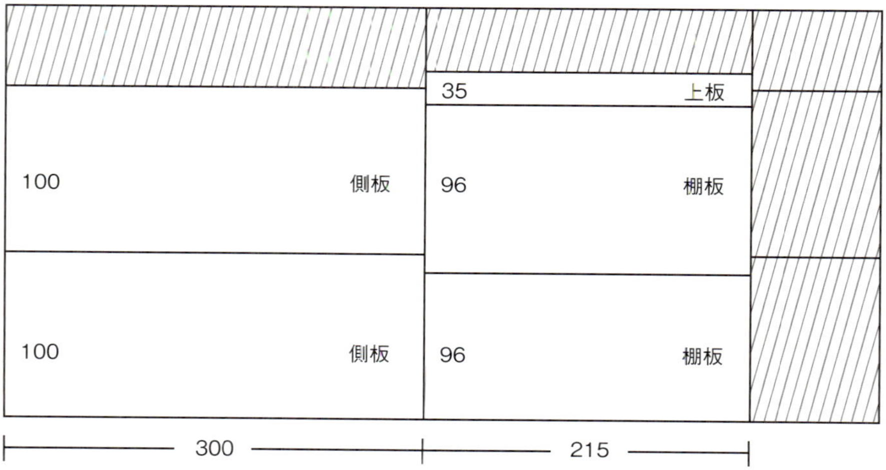

A字脚の飾り棚▶手順は32ページ

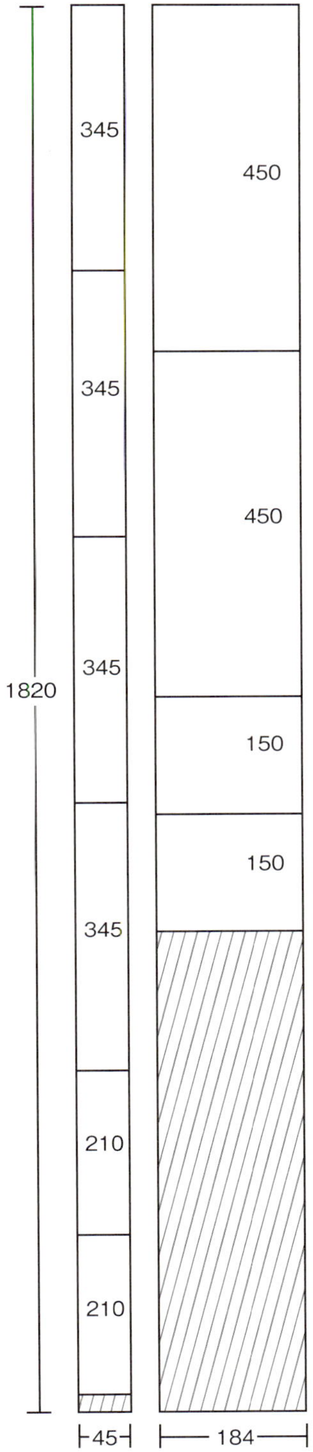

サイドテーブル▶手順は74ページ

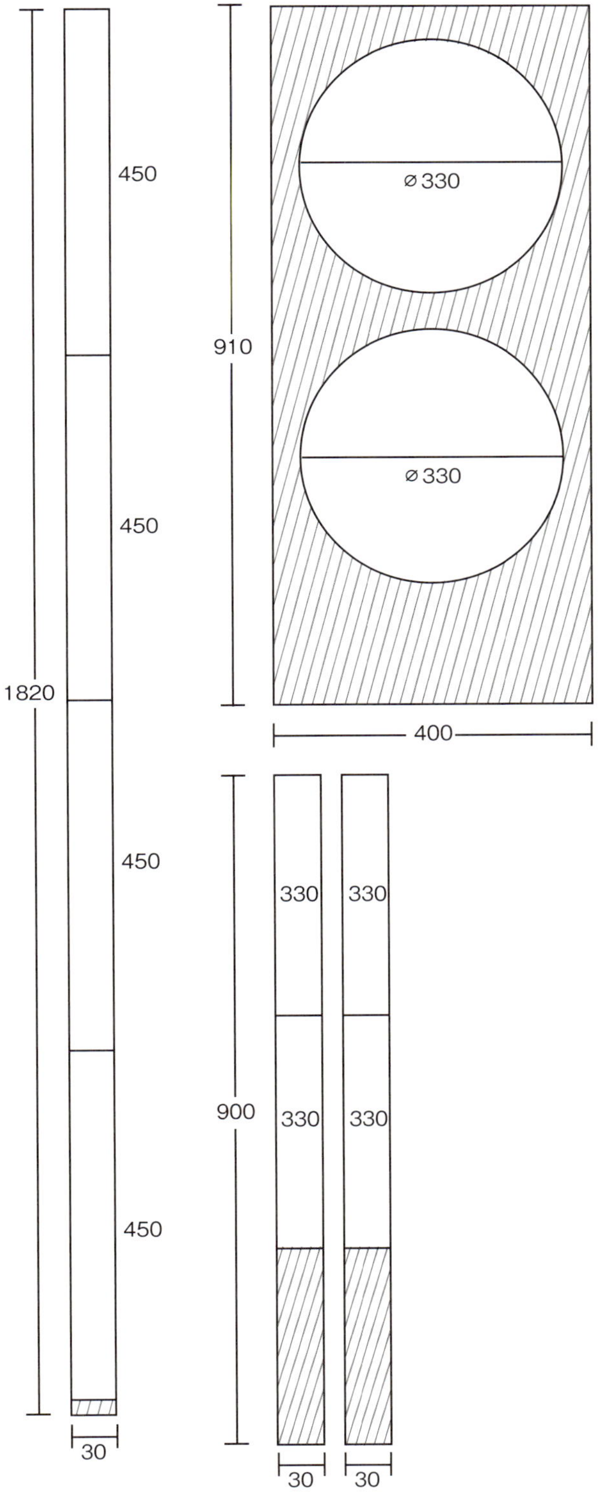

監修者ご紹介

油田加寿子（ゆだかずこ）

【総合監修】

暮らしのDIYアドバイザー、日本ドゥ・イット・ユアセルフ協会DIY名誉アドバイザー
72年に日本初のホームセンターができ、その翌年から流通分野のダイヤモンド・フリードマン社で編集に携わり、DIY業界の取材、商品知識やハウツーの本を手がける。
79年から4年間、NHK教育テレビ「家庭大工入門」の構成担当。その後「暮らしのDIYアドバイザー」に。女性ならではの生活に密着した感覚でDIYの新しい分野を開拓するかたわら、新聞、雑誌、テレビなどでDIYの普及に努めてきた。全国各地での実技を含めたDIYスクールは「初めての人にも分かりやすく」がモットー。ホームセンターの社員教育、DIY関連のメーカーの商品開発にも携わっている。
ホームセンターに置いてあるパンフレット「ハウツーシリーズ」を作成、現在は監修。NHK教育テレビ「住まい自分流」の監修。
主な著書に『いちばんわかりやすい住まいのトラブル解決法』（主婦の友社）、『これがわかれば汚れは簡単』（ドリームクエスト）、『自分で直す水まわりのトラブル解決BOOK』（山海堂）などがある。イラストで分かりやすくが本づくりのポリシー!
油田加寿子の暮らしのDIY　http://www.diy-yuda.com

嶋崎都志子（しまざきとしこ）

【2種類のカーテン、カスタマイズBOX、すのこdeブックシェルフ、女優スタンドミラー】

DIYアドバイザー、インテリアコーディネーター
大学の美術科卒業後、ハウスメーカー、インテリアショップ、リフォーム店などで勤務中に経験した現場施工経験が人生の転機に。
現在はプチリフォームのアドバイスや施工、家具修理、インテリアライター、木工教室、旅人などDIY精神で何でもやっている。
モットーは“仕上がりはイマイチでも、出来上がった喜びや自分で創りあげてきた時間を楽しむこと！”

鈴木ひろ子（すずきひろこ）

【CDラック、地震対策コラム、和紙コラム】

ＤＩＹアドバイザー・整理収納アドバイザー・福祉住環境コーデネーター２級・福祉用具専門相談委員
自転車のパンク修理をきっかけにＤＩＹに目覚め、ＤＩＹアドバイザー資格を取得。
「より住みやすくをモットー」に生活に即したＤＩＹを提案。
高齢者の住まいもＤＩＹでより暮らしやすくできないかと思い、福祉関係の資格も取得した。
和紙にめぐり合い、手作りランプを始め和紙を取り入れた生活を提案している。
阪神淡路大震災で被災し、体験に基づく地震に対する心構え・対策なども提案している。
公民館・ホームセンター・カルチャースクールなどで講師をしている。
ＮＨＫ教育テレビ「住まい自分流」講師
鈴木ひろ子の快適住まいDIY　http://blog.goo.ne.jp/suzurinn-diy

番匠智香子（ばんしょうちかこ）

【A字脚の飾り棚、パーテーション、サイドテーブル】

DIYアドバイザー
大学卒業後、家具作家の下で制作を学び、オリジナル家具制作を行う。DIYアドバイザー資格を所得し、電動工具メーカーへ勤務。スウェーデンの短期留学で現地のDIYに触れ、家族の温かさに感動を受け、家族が楽しめる木工に興味を持つようになる。
NHK教育テレビ「住まい自分流」の講師。学研ドゥーパ　本誌、増刊号やDVDに出演。
三井ハウスのDVD出演。東京ホビーショーへ招待作家として参加。東京おもちゃ美術館で教室を展開。
ホームセンター等で木工教室を開催、現在開催は200回を超える。
ばんちか工房　http://www.banchika.com

諸井路子（もろいみちこ）

【スパイスラック、マイ柱の棚】
ＤＩＹアドバイザー
東京都葛飾区出身。フィンランドの食品メーカー勤務時代に北欧のデザインに興味を持つ。当時はネジとクギの区別もつかないほどのDIYオンチだったが、自宅のリフォームを機にDIYに目覚める。
都立品川技術専門校で木工や建築作業を学び、資格を取得。その後はホームセンターや地元の教室でDIYの普及に携わり、NHK教育テレビ「住まい自分流」を始めDVDや雑誌等で講師を務める。
生活と住まいの関わりを研究する為に編入学した工学院大学建築学科を2010年３月卒業。
DIYのモットーは“ていねいな作業”。「センスとか器用とかじゃなく、たとえネジ1本でも、ていねいに締める。自分流の時間や空間を創る基本です」

DIYアドバイザーに関して

DIYアドバイザーとは、住まいの手入れ、補修、木工などDIYに関する相談や指導をする人のこと。(社)日本DIY協会が実施している審査に合格し、登録すると認定書が交付されます。満18歳以上であれば受験が可能です。
DIYer（DIYをする人）の相談にのったり、講師を務めたりと、いろいろ活動しています。ホームセンターでDIYアドバイザーを見かけたら、相談してみてはいかがでしょうか?

すごく簡単・すぐできる！

木工ガールのはじめてDIY

週末手作りインテリアで部屋を素敵にセンスアップ！

発行日　2010年4月15日　初版第一刷発行
装幀・本文デザイン ✣ 橘川幹子
編集 ✣ 山本桂子（美術出版社）、山本隆子（オメガ社）
監修 ✣ 泊田加寿子
作例製作 ✣ 嶋崎都志子、鈴木ひろ子、番匠智香子、諸井路子
イラスト ✣ おがわあきこ
撮影 ✣ 大泉省吾、川村容一

撮影協力 ✣ studio南南西
株式会社アサヒペン
若井産業株式会社

取材協力 ✣ ユニディ湘南平塚店
〒254-0801　神奈川県平塚市久領堤1-2
TEL　0463-25-0771
http://unidy.info

発行人 ✣ 大下健太郎
発行 ✣ 株式会社美術出版社

〒101-8417
東京都千代田区神田神保町2-38　稲岡九段ビル8階
TEL　03-3234-2173（編集部）
03-3235-5136（営業部）
FAX　03-3234-9451
振替　00150-9-166700
http://www.bijutsu.co.jp/bss/

印刷 ✣ 株式会社光邦

ISBN978-4-568-50409-5　C2070
Printed in Japan